励永惠 苏少敏 著

休闲旅游基地

理念、标准、实践

中国社会科学出版社

图书在版编目(CIP)数据

休闲旅游基地：理念、标准、实践/励永惠，苏少敏著.
—北京：中国社会科学出版社，2012.4
ISBN 978 - 7 - 5161 - 0662 - 4

Ⅰ.①休…　Ⅱ.①励…　②苏…　Ⅲ.①旅游区—研究
Ⅳ.①F590.3

中国版本图书馆 CIP 数据核字(2012)第 053227 号

休闲旅游基地:理念、标准、实践　　励永惠,苏少敏著

出 版 人	赵剑英	
责任编辑	周晓慧	
责任校对	林福国	
封面设计	毛国宣	
技术编辑	李　建	

出版发行　中国社会科学出版社
社　　址　北京鼓楼西大街甲 158 号　　邮　编　100720
电　　话　010 - 64073831(编辑)　64058741(宣传)　64070619(网站)
　　　　　010 - 64030272(批发)　64046282(团购)　84029450(零售)
网　　址　http://www.csspw.cn(中文域名:中国社科网)
经　　销　新华书店
印　　刷　北京君升印刷有限公司　　装　订　廊坊市广阳区广增装订厂
版　　次　2012 年 4 月第 1 版　　印　次　2012 年 4 月第 1 次印刷
开　　本　710×1000　1/16
印　　张　13　　　　　　　　　　插　页　2
字　　数　207 千字
定　　价　38.00 元

序

近年来，休闲问题已越来越受到理论界、产业界和各级政府及相关管理部门的关注了。尽管对"休闲"的理解不尽相同，对休闲的方式各有喜好，但休闲对于拉动国民消费，促进产业结构调整，推动社会经济发展，提升人们生活质量所具有的作用与意义，则可以说是普遍认同的。由此，理论界讨论休闲问题的热情愈增，产业界转型休闲产品的趋势明显，政府也陆续推出发展休闲事业的决策和政策，特别是东部一些发达城市，更是把发展休闲城市与提升生活品质紧密结合，引领和推动着国民生产生活观念、经济发展方式、生态环境的转变与改善，乃至对社会政治生活产生着深刻的影响。

在我们国家，旅游是最主要最大众化的户外休闲活动和休闲方式之一，因而旅游业也是中国最重要的休闲产业之一。随着国民生活水平的逐步提高，人们对旅游业服务形态的需求不断多样化，以往那种单纯旅游观光的消费习惯也正在改变，旅游业正处于从观光旅游向观光、休闲、度假多种形式并存或综合的休闲旅游转型期。

实现旅游业的这种转型，可以有多种思路和各种做法。我以为，宁波市开展休闲旅游基地建设的做法，具有创新意义和借鉴作用。

其一，探寻了一条旅游业转型的新道路。

传统观光旅游以自然景观资源的利用为核心，以流动的观赏性游览为实现方式，其基本特征是空间上的异地性，时间上的短暂性，虽然也是对闲暇时间的一种自由支配，也能获得某种身体的放松与心灵的愉悦，但因为流动性和短暂性，在支配某一时段闲暇时间的过程中难以做到自主自由，也不可能与观赏对象进行互动而获得深度体验。休闲旅游是以休闲为目的的旅游，是旅游与休闲的交叉与结合，它无疑包括对自然景观的观赏，但更注重旅游者的心灵体验和精神享受。正如本书作者所界定的那样：休闲旅游是"旅游者借助一定的休闲资源或设施，在其定居地以外的其他区域进行的以休闲为主要的游览、逗留、学习、体验和娱乐等旅游消费活动"。休闲旅游基地在一定的范围内将传统的观光资源与休闲设施、休闲活动组合在一起，使旅游者既能观赏优美的自然景观，又能在景区内进行休闲活动，创造文化氛围，获得情感体验，因而融合了旅游与休闲的特征，兼具了旅游与休闲的优势。这是一条从传统旅游业向休闲旅游业转型的便捷而可行的道路，也是一种集观光、度假、休闲、体验、娱乐、运动于一体的综合性旅游产品。可以肯定，这是一种新的具有生命力的旅游产品，对实现宁波市作为"长三角最佳休闲旅游目的地"的发展目标，也无疑具有重要意义。

其二，找到了一个旅游业转型的新载体。

2009 年，国务院发出《关于加快发展旅游业的意见》，提出旅游业是战略性产业，要求转变发展方式，提升发展质量，把旅游业培育成国民经济的战略性支柱产业和人民群众更加满意的现代服务业，推动旅游产品多样化发展，积极发展休闲度假旅游。国家旅游局也推出了《国民休闲旅游计划》，并将其作为扩大国民休闲旅游权利和推进人民生活质量的一项重要制度。因而以新思路加快旅游业的发展，寻找有吸引力的旅游新载体、新产品来推动和实现传统旅游业的转型升级，是摆在各级政府旅游主管部门、旅游研究机构和旅游企业面前的一项重要任务。就目前状况看，各地的做法也各显神通，有的对旅游产业的发展进行重新规划，有的在原有景区中建造新的休闲娱乐设施，也有的新建集旅游休闲娱乐于一体的规模不同的旅游综合体，等等。宁波市旅游局则将建设休闲旅游基地作为一个阶段发展旅游业的重要工作。宁波市旅游资源十分丰富，奉化溪口闻名全国，海岸线绵延曲折，古今名人灿若星辰，地方特色文化深厚，但旅游产品类型不够丰富，整体发展程度不高，对国民经济的贡献率与丰富的旅游资源不很相称。如何充分发挥宁波市的资源优势和文化优势发展休闲旅游，开发新的旅游产品，优化旅游产品和旅游消费结构，成为宁波市旅游产业发展的重要课题。休闲旅游基地是指"以旅游景区、度假区和其他具备旅游接待功能的区块为依托，主题特色鲜明、产品类型多样、产业要素集聚、休闲功能突出、服务设施完善、管理机构健全，具有一定规模、综合经济效益及市场影响力的各类休闲旅游目的地"。这样的休闲旅游基地，是以某个主要的景区、度假区或旅游接待区为中心停留地，集聚和整合周边区域的休闲、观光、运动、娱乐和购物等产业要素，构成包括"行、游、住、吃、购、娱"六大要素在内的综合效益最大化的旅游产品，实现以休闲为主要目的的功能，其特点和优势是有利于打破资源管辖条块分割的状态，充分发挥现有景区，特别是已比较成熟、具备一定市场影响力的高等级景区（度假区、旅游接待区）的核心作用，相比于建造新的休闲娱乐设施或旅游综合体等方式，休闲旅游基地的建设更加经济便捷，更容易操作推行，也更有利于公共休闲旅游设施的布局与完善、土地的集约和节约使用，以较小的成本形成体量大、功能多、品质高的休闲旅游产业集群。

其三，制定了一套合理的基地建设标准。

休闲旅游基地建设是一个渐进的过程，但需要有一个基本统一、可以评估的标准。宁波市在实施这项工作的开始，就根据休闲旅游业的自身要求和市场趋势，制定了一套比较合理而可行的基地建设标准。这套标准包括休闲旅游产品、服务、环境、管理四个要素系统。每个要素系统又包括若干方面或内容。例如，作为基地核心的产品要素由三方面构成：一是具有一定数量和体量的、优质的、可供休闲旅游利用的自然、文化资源；二是具有内外部通达的交通网络；三是须具有较强的可持续发展能力。各个方面又有更具体的指标要求。标准特别强调休闲旅游管理要素在基地建设中的重要作用，将它作为申报建设休闲旅游基地的必要条件。休闲旅游基地是一个各种要素和资源组合而成的复杂的系统，涉及不同的部门、企业，需要各方协同力量，统筹行动，必须依靠管理体制的创新，需要有一整套完善的管理制度。标准对管理要素又具体设置了相应的综合管理、安全管理和游客服务等规定，以明确政府管理部门和基地管理机构的相应责任。设置这一套系统的指标，对真正推进基地建设，保证基地建设的水平和质量，无疑是很必要也很重要的。以这套标准为依据，宁波市旅游主管部门又能制定相当严格的工作规范和程序，使基地建设从申报、建设到评估有序地推进，取得了明显的成效。

其四，拥有了一个有效的工作抓手。

一般来说，景区的建设、管理和项目推进，是目前旅游主管部门的两项主要工作。由于体制和经费的制约，对地市旅游主管部门来说，这两项工作的推进和管理，存在很大压力，往往只能起到"上传下达"

的作用，难以发挥实际作用。休闲旅游基地将景区纳入其空间范围，为宁波旅游主管部门在景区建设和项目管理上提供了一个有效的工作抓手：既可以通过制订"市级"评定标准体系，建设和评定本市范围内的休闲旅游基地，形成本市范围内的休闲旅游格局和特色，也能有效地使有限的经费在推进景区和项目建设，特别是提升传统景区功能、完善新建项目的功能中起到四两拨千斤的作用。同时，宁波市旅游主管部门也能够借此将景区管理和项目推进工作有机地整合起来，并使之成为一项具有统领作用的全新工作。

我本人曾受邀参加过该市休闲旅游基地的评估考核工作，对这项工作的缘起、进程、标准和相关内容，有一些大体的了解；也亲身经历和感受到该项工作受到县（市）、区旅游主管部门重视和欢迎的情景，确实看到了它对于全市旅游业转型升级所具有的实际意义。现在，这项工作的推进者们将实践经验总结、整理成一个系统的研究成果予以出版，是值得高兴和庆贺的事。应本书审稿人苏少敏的邀约，写下上述一些看法和体会。是为序。

庞学铨
于西子湖畔浙大
2012 年 12 月 20 日

目　　录

引言 ……………………………………………………………………… （1）

理念篇

第一章　休闲和休闲旅游 ………………………………………… （7）
第一节　休闲 ……………………………………………………… （7）
第二节　休闲旅游 ………………………………………………… （14）

第二章　中外休闲旅游发展历程 ………………………………… （22）
第一节　国外休闲发展历程及主要产品 ………………………… （22）
第二节　国外休闲旅游发展典型案例 …………………………… （29）
第三节　国内休闲旅游发展历程 ………………………………… （33）
第四节　国内休闲旅游城市发展经验总结 ……………………… （37）

第三章　宁波休闲旅游发展的道路选择 ………………………… （43）
第一节　建设休闲旅游基地成为必然选择 ……………………… （43）
第二节　休闲旅游基地的概念 …………………………………… （46）
第三节　宁波建设休闲旅游基地的特色与意义 ………………… （50）

标准篇

第四章　现有标准及基地评定标准的目标 ……………………… （55）
第一节　国内休闲产业标准化简况 ……………………………… （55）

第二节　宁波市休闲旅游基地评定标准的体系构成 …………… （65）

第五章　宁波市休闲旅游基地评定标准与评分细则 ………… （71）
　　第一节　必要条件 ………………………………………… （71）
　　第二节　资源与环境 ……………………………………… （74）
　　第三节　公共设施 ………………………………………… （79）
　　第四节　产业要素 ………………………………………… （88）
　　第五节　管理与服务 ……………………………………… （97）
　　第六节　市场成熟度与社会统筹发展 …………………… （104）

实践篇

第六章　提前谋划 ………………………………………… （113）
　　第一节　开展前期调研 …………………………………… （113）
　　第二节　把握关键环节 …………………………………… （116）
　　第三节　突破主要问题 …………………………………… （118）

第七章　全面部署 ………………………………………… （121）
　　第一节　拉开工作序幕 …………………………………… （121）
　　第二节　制订建设规范 …………………………………… （127）
　　第三节　明确建设依据 …………………………………… （132）
　　第四节　实地调研　掌握一线情况 ……………………… （135）

第八章　加快推进 ………………………………………… （139）
　　第一节　确定工作任务 …………………………………… （139）
　　第二节　开展中期评估 …………………………………… （147）
　　第三节　充实标准体系 …………………………………… （153）
　　第四节　完成验收评定 …………………………………… （154）

第九章　展望未来 ………………………………………… （160）
　　第一节　加强宣传　撬动市场 …………………………… （160）
　　第二节　修改提升标准 …………………………………… （161）

第三节　开启新一轮建设计划 ……………………………………（163）

附件一　宁波市休闲旅游基地评定标准 ……………………（165）

附件二　宁波市商务会议基地评定标准（试行） ……………（176）

附件三　宁波市专项休闲旅游基地认定标准及申报管理办法 …（183）

参考文献 ……………………………………………………（189）

后记 …………………………………………………………（194）

引　言

当下，以人为本的理念日益强化与深化。追求人类自身发展是经济发展、社会进步的象征；关注人生价值更是人向其自身本来意义的一种回归。

"十二五"是中国加速工业化和城市化、建设全面小康社会的重要时期。更加注重保障和改善民生，是"十二五"发展规划的核心和最大亮点。让人民群众享有更加美好、更高品质的生活，正在成为一切工作的出发点和落脚点。

在以人为本、科学发展的大背景下，旅游业上升为国家战略。国家确定了"要把旅游业培育成为国民经济的战略性支柱产业和人民群众更加满意的现代服务业"的战略目标。这意味着新时期旅游业的发展不仅要强化产业属性和重要地位，更重要的是要体现惠及民生的社会属性和特殊功能。可以期待，随着旅游产业的发展、国民休闲权利的保障，休闲一定会成为广大人民群众的重要生活方式。

宁波地处沿海发达地区，"十二五"期间要率先全面建成惠及全市人民更高水平的小康社会。加快提升生活品质、满足人民群众新期待，也将是宁波新一轮发展的最终目的和检验标准。

新时期宁波旅游业的发展要为人民群众生活品质的提升做出更大和特有的贡献。关键是，要顺应休闲时代大潮流、消费升级新趋势，努力把宁波建设成为长三角重要的旅游目的地，为人民群众提升生活品质创造新的生活空间，提供强大的产业支持和服务保障。

休闲旅游基地就是宁波新一轮旅游发展的新载体、大平台。以休闲旅游基地为整合平台，可以进一步整合旅游资源和要素，形成能够适应和满足广大人民群众新需求的旅游产业集群和产品服务体系；以休闲旅游基地为转型平台，可以进一步加快从观光旅游向观光、休闲、度假复合型旅游的转型，为人民群众创造出更多的旅游新业态和开放式的生活空间；以休闲旅游基地为升级平台，可以进一步加快旅游目的地体系的建设，强化和完善旅游公共服务系统。换言之，在今后一段时间里，宁波休闲旅游目的地建设就是要让宁波能成为宁波老百姓、长三角地区和全国各地的客人们出门观光旅游、周末休闲、节日度假的一个友好、安全、舒适、实惠的好去处；就是要在近中期努力促成一批白天能吸引和容纳 2000—3000 人、夜间能住得下 500—1000 人的休闲生活区块，能够向市民和外来游客提供海滨度假、湖泊休闲、山地运动、都市游憩等各类旅游产品与服务，让人们心情愉悦地去看美景、品美食、健身运动、享受天伦。

为实现这一目标理想，从 2009 年开始，我们进行了深入调研、理清了思路；2010 年我们研究出台了休闲旅游基地发展的规划、创建的评价标准，并正式启动了创建。经过一年的努力，奉化溪口休闲旅游基地等七处休闲旅游基地、三江汇商务会议基地等二处商务会议基地、象山渔山岛海钓基地等五处专项休闲旅游基地，成为宁波首批的休闲旅游基地。

这些休闲旅游目的地和专项休闲度假旅游产品的推出，确立了宁波长三角休闲旅游目的地的基本框架，启动和促进了宁波旅游业发展的转型升级；更重要的是，这些不同能级、不同类型的休闲旅游目的地的创建和进一步完善，能够为人民享受更美好、更高品质生活提供空间和条件，而这正是旅游发展的真正意义。

我们打算花两三年的时间评定、认定一批，再进行提升、完善和优胜劣汰，用五年左右的时间，打造十来个综合性休闲旅游基地和三十来个专项休闲旅游基地。首批休闲旅游基地的推出，只是工作的开始。这些休闲旅游基地在休闲产品、休闲服务、休闲旅游基础设施、休闲旅游氛围与环境以及休闲管理等各方面都面临着进一步完善、提升和创新的任务，还需要经过 3—5 年的不懈努力和建设。今后，我们会依托这些初创的休闲旅游目的地，着手休闲旅游新业态的导入和集聚、游人服务中心的功能建设和完善，加强开放式休闲大空间的营造，加快配套建设一些露营地、自助自驾游营地、开放式的休闲运动空间、户外游步道和自行车道系统，以及旅游信息咨询网络、旅游标识导引系统，促进观光型旅游景区的转型发展，特色旅游村镇、文化历史遗存等社会资源的整合利用。

我们很高兴地看到，首批休闲旅游基地和专项基地的创建设立与营销推广已经取得了很多的成果。山地自行车道和伏龙山滑翔基地进一步丰富了达蓬山休闲旅游基地的旅游业态，集聚人气；东钱湖自行车系统和许家山户外徒步道成为户外活动爱好者的胜地和百姓周末休闲的好去处……休闲旅游基地就成为各县市区政府的相关管理部门、乡镇政府和旅游企业的一种自觉行为，休闲旅游正逐步成为广大百姓的一种生活方式和社会认同。这也使我们更加有底气、更有信心。

我们相信，在人本思想回归、全面小康社会建设的历史潮流中，休闲旅游会早日成为人民群众重要的生活方式。以休闲旅游目的地的创建为载体，我们正在创造更加美好、更高品质的生活。

理 念 篇

第一章　休闲和休闲旅游

虽然许多旅游地都把"休闲"作为将来旅游发展的重要方向，但是，到底什么是休闲？什么是休闲旅游？似乎仍未有普遍认可的"标准答案"。作为一个古今中外东西学者都在研究和关注的问题，"休闲"在新时代的背景下有了不一样的内涵。第一章首先从概念入手，重点区分休闲概念界定的三个主要维度，在此基础上阐述我们对于"休闲"的理解，并从个人和社会两个角度说明休闲的重要性和必要性。其次在辨析休闲与旅游内涵差异的前提下，解释什么是休闲旅游，并总结了目前主要的休闲旅游产品的类型。

第一节　休闲

一　休闲的理解

休闲是一个复杂的概念。它既指一种活动过程，也指一种生态状态或生活方式，又可以是一种人性的理想追求和一种理想的和谐社会。

休闲一词是英文 Leisure 的中译，英汉词典中一般解释为空闲、闲暇、从容。该词由拉丁语 Licere 经法语转化而来，含有许可、守法、美德之义，这与西方最早对休闲的理解基本一致。从"休闲"的西方词源学上来说，它的本来意义是与知识、德行等内容相关联的，是同快乐、幸福等生存和生活状态联系在一起的。从中国古代汉语字义上来解释，"人倚木而休"，"休"的意义除了"休息"、"休假"之外，还包含"美善"、生活的意思；"闲"除了"安静"、"闲暇"的含义之外，还具有"中规中矩"的含义，延伸的意思可以理解为人的生存活动、生命意义的一种价值尺度，也就是"从心所欲不逾矩"的境界。"休"与"闲"的绝妙组合显示了"休闲"所特有的文化内涵，表明休闲与人的身心修整和颐养活动相关，是一种和美德、快乐、幸福相关联的状态，具有深厚的人类生命与生存的价值意义。

休闲与人类和社会发展相关，人们对休闲的认识与理解也不断地深化。概括国内外的"休闲"研究，主要可以从以下角度来理解与定义"休闲"概念：

第一，从时间角度来理解"休闲"。作为最初和一般的理解，"休闲"被定义为空闲时间，即除了劳作之外的自由时间，也就是英文中的 free time。布赖特比尔说，休闲是扣除用于工作、履行义务与工作相关的职责以及从事其他形式的必要劳动之后个人所拥有的那部分时间。马克思则认为，休闲是包括个人受教育的时间、发展智力的时间、履行社会职能的时间、进行社交活动的时间、自由运用体力和智力的时间。马克思对休闲的表述实际上涵盖了人在处理与时间的关系问题上的哲学思考，即合理分配时间，实现人的自由和全面发展。总之，时间意义上的休闲概念主要在以下几点：满足了生存需要之后的剩余时间，可以自由支配的自由时间，个人发展的必要时间。

第二，从活动的角度来理解"休闲"。这是源于休闲的时间概念的另一种理解，强调的是在自由时间内进行的一系列特定的活动和体验。美国出版的《里特莱辞典》中对休闲的解释为"离开正规业务，在正规的时间里进行娱乐和活动"。这一定义注重了休闲的内容要素，但是在一定程度上模糊了积极休闲和消极休闲的界限。法国休闲学者杜马哲迪尔指出："休闲是人们从工作、家庭、社会的义务中摆脱出来，为了休息、转换心情、增长知识，而自发性地参与可以自由发挥创造力的任何社会活动的总称"，强调了在休闲的决定因素中，活动的内容起重要的作用，休闲属于自我实现活动的范畴。杰弗瑞·戈比也认为："休闲是从文化环境和物质环境的外在压力中解脱出来的一种相对自由的生活，它使个体能够以自己所喜爱的本能地感到有价值的方式，在内心之爱的驱动下行动，并为信仰提供一个基础。"从这方面来讲，休闲便如同一本关于生活方式的指南。

中国明末清初戏曲理论家李渔就曾在其《闲情偶寄》中分别论述了"居室部"、"饮馔部"、"器玩部"等关于环境、活动和方法的休闲问题，成为当时流行的休闲著作。从活动的角度来看，中国的休闲更是不胜枚举，听"流水之声"，看"青禾绿草"，"观书绎理"，"弹琴学字"，"逍遥杖履"以及"采菊东篱"等皆可谓之休闲。而且，林语堂在《生活的艺术》中也指出："中国在生活的艺术方面，在享受生活的雅韵和乐趣方面，特别是啜茗、尝醇泉、园艺、哼京调、养鸟等等，要优于美国和西方。"现在的"休闲旅游"、"休闲娱乐"以及"休闲俱乐部"等皆源于休闲的活动内涵。

第三，从心理的角度来理解"休闲"。东西方的思想家们皆认为休闲和思考密不可分，休闲与心灵追求的境界紧密相连。亚里士多德认为，休闲就是"冥想的状态"，即不需要考虑生活问题的心无羁绊的状态；瑞典哲学家皮普尔将休闲理解为欣然接受这个世界和自己在这个世界上的位置的一种"欣喜感"，如同入睡的过程一般无拘无束，轻松自在。德国哲学家皮柏认为："休闲是一种心智上和精神上的态度——它并不只是外在因素的结果，它也不是休闲时刻、假日、周末或假期的必然结果。它首先乃是一种心态，是心灵的一种状态。"

中国著名文人林语堂曾说过："消闲生活并不是富有和成功者独享的权利，而是一种宽怀心理的产物……这种心情是由一种达观的意识产生。他必须是有丰富的心灵，爱好简朴的生活，对于生财之道不放在心头。"尽管林语堂先生的观点有些许文人的清高，但在帮助我们正确认识休闲在精神家园中的地位以及如何实现休闲的目的方面具有重要的指导意义。从心理状态的角度来看，休闲意味着人所保持的平和、宁静状态，是轻松自如且淡然处世的精神状态，是一种有益于个人身心健康发展的体验，是"以欣然之态，做心爱之事"。

从社会心理学的观点分析，休闲提供了一个社会体系，使人们可以创造相互影响的娱乐健康体验，反映个体对参与社会组织活动适应性的评价。值得注意的是，随着经济发展和社会文明程度的提高，人们不仅停留在"自由时间"、"活动"的层面来认识休闲的真正内涵，而是更多地关注人的精神、思想状态，社会行为心理的层面。即在关注人的生活质量的物质层面、客观取向的同时，更关注人的精神消费、主观取向方面，强调休闲的主体的自由选择和休闲的积极意义，更多的时间用于诸如旅游、健身、美容、培训、终身教育、阅读和审美等活动。这里的休闲行为反映了现代社会、现代人的生活价值和生活品质的社会心理趋向，因此，一些社会学家把休闲描述为一种基本的社会氛围。在这个氛围中，社会的同一性是一种内在的凝聚力。也就是说，在同一兴趣下，人们既可以自由地选择、满足和发展社会关系，又可以随意地追求和学习社会知识，通过运用一定的社会规则、角色、组织、实施和奖励等方法来创造娱乐的机会，从中体验自然和挑战，满足个体社会交流的需求，达到享受生活和促进个体成长的目的，使之成为一个完全的社会人。

可见，休闲的理解和体验具有深刻的人文性、精神性和广泛的社会性、创造性。休闲可以有不同的方式和内容，不同的人可以选择自己所喜欢、所适应的休闲方式和活动内容，获得各自的享受与体验。休闲的内在要求和目的指向，还体现了实现人的完全解放，达到人的全面自由发展，是人的自在生命的自由体验。作为一种相对的人生态度，能否聪明地休闲是对文明的最终检验。当今世界，休闲时代已经来临，休闲已经成为人们的一种日常理想生存状态和生活方式，成为人类生活的重要组成部分。休闲对社会的全面发展与进步，对人类自身的健康发展，显示出越来越重要的作用。休闲的社会意义在于，它表征社会文明，成就理想人性，推动和谐创业，促进构建和谐社会。

二 休闲的概念

综合国内外的休闲研究，我们将休闲定义为：休闲就是人们利用闲暇时间，从文化环境和物质环境的外在压力中解脱出来，以自己喜爱的方式进行一种愉悦的体验活动所形成的相对自由的生活。

（一）休闲的含义

休闲的定义主要由四个要素构成：第一，休闲是一种生活、生活状态和生活方式。人们对所处的生活状态满意，把进行适合自己的休闲活动作为一种生活的常态，参加休闲活动是一种生活习惯，而非被动员、被要求参加。第二，休闲是从文化和环境的外在压力下解脱出来的相对自由的生活，人的任何活动都不可能完全摆脱外部环境的压力和客观条件的限制。第三，休闲是一种能使个体以自己喜欢的方式活动，具有自主选择性，是靠内在的驱动力激发出来的兴趣、爱好，而非由某些外部因素或外部力量的推动，在内在的喜好推动下来感受自身的价值，获得身心愉悦。如萧伯纳所言，劳作是我们必须做的事，休闲是做我们喜欢做的事。人类不能成为为劳动而劳动的高级动物。第四，休闲主要是指工作时间和其他日常必要时间（如睡眠等）以外的闲暇时间内进行的自由生活和积极体验。

（二）休闲的一般条件

休闲与社会经济发展、人的生存状态和经济相关。休闲、休闲经历、休闲生活所存在的一般条件主要有：

第一是时间条件，要有闲暇时间。在现代社会里，时间具有商品化特征，时间就是金钱。闲暇时间与休闲密切相关，如果将闲暇时间理解为可以进行非强迫的自由决定时间，则可以从闲暇时间意义上来使用"休闲"这个词。中国目前已经具备了进入休闲时代的时间条件。在时间构成条件上，从时间长度上看，城市居民拥有全年三分之一左右的休闲时间；从时间角度看，由周末休息、固定假日、带薪休假三部分构成，为居民从事各类休闲活动提供必要的时间保障；从时间使用的角度看，由休闲时间的刚性指定使用（周末、节假日）与柔性的使用（带薪休假）等多种形式构成，这些充分体现了居民自主安排、自由发展的休闲权利。

第二是物质条件。休闲存在与发展是与一定的物质基础相关联的，它包括自然状态的外界环境、休闲活动的设施器材和场馆、休闲产品与服务系统、休闲产业体系，直至经济社会发达程度和物质生活条件。休闲要有"闲"，还要有"钱"。进入休闲时代，从经济发展条件而言，要达到世界银行提出的中高等收入国家的基本标准。根据国际经验和中国发展的实际，休闲时代的起步大致与人均 GDP 在 3000—5000 美元的发展时期同步。休闲已经成为居民生活的一种常态，从事休闲娱乐活动已经成为与工作、睡眠、家务等必要的社会活动同等重要的第四生活状态。在这种相对稳定和持续增长的休闲消费方式下，休闲从产品、服务乃至产业的发展、城市或乡村社区的功能休闲化、公共服务体系的完善等一系列物质条件和产品供给将会不断发展和完善，并通过休闲政策对国民休闲权利进行保障。

第三是个体条件。休闲还取决于休闲活动的个人条件，它包括休闲活动者个体所具备的物质条件基础，进行休闲活动的愿望、兴趣和爱好；个人所具有的素质与能力以及个体的精神心理状态、价值观、生活态度等。它决定了个人休闲需求的大小、休闲体验的积极与消极以及休闲与审美的效果与境界。进入休闲时代，积极的休闲观开始确立，休闲突破了单纯的娱乐满足的束缚，表现为对自我发展作用和价值诉求作用越来越广泛的社会共识。休闲消费精神化、脱物化成为时代的一个重要特征。随着人均收入的提高、食品消费等物质的消费比重逐步下降，对以精神产品为主导的非物质服务产品的消费需求迅速攀升。城市公共文化空间、公共服务体系及功能凸显休闲内涵，也彰显着城市管理和政府施政的人本主义回归。

三 休闲的一般意义

第一，休闲促进人的全面发展。休闲一是解除体力上的疲劳，获得生理的和谐；二是赢得精神上的自由，营造心灵的空间。休闲是一种休息。它是使人消除疲劳、恢复体力的最有效和最符合生理要求的方法。合理的休闲，是精力的源泉，健康的保证。有些人总认为休闲就是怡然自得、无所事事，所以其所寻求到的往往不是真正有效的休闲，而是一种消极的休闲。人身体的每一个活动，在大脑皮层里都有一个相应的兴奋点，由这个兴奋点出发，通过神经来支配肌肉活动。大脑皮层里某一个点如果长时间地兴奋，就要转为抑制的状态。那时它所支配的肌肉就失去了活动的能力，大脑皮层里这种抑制现象还会逐渐扩散，从而引起全身的工作能力下降，以致精神恍惚。长期如此，还可能引起神经系统功能紊乱，导致失眠、神经衰弱等症。

休闲，可以再生产和维持生命所必需的健康条件，可以达到身心愉悦、追求快乐的心理需要和生理惬意、享受生活乐趣，可以追求社会交往需要、地位需要、被人尊敬需要、求知需要、创造需要、自我实现需要并通过休闲活动感受生命价值。

因此，休闲是生命活动的需要，是生理需要，是享受的需要和发展需要的综合体现。随着社会的发展，现代人为建造、完善生命过程，感受生活的价值，需要休闲；为讲究高雅情趣、享受生活乐趣、提高生命质量，更需要休闲。人们越来越认识到，提高生活质量，健康是关键，而健康包含着身体的建造、心灵的修炼，使身心达到生理上、心理上、社会适应上的完好状态。为了追求健康，需要休闲。

第二，促进社会的文明进步。中华民族自古以来就是崇尚勤劳和节俭的民族。在数千年小农经济的模式下，人们习惯性地认为生活就是应该不断地劳动忙碌，并把有限的忙碌成果积攒起来用于防范风险和发财致富。享受闲暇往往被等同于"游手好闲，不务正业"而被主流社会思想所排斥。改革开放以后，社会发展长期以来都是围绕着"经济建设"这个中心，无形中导致了人们的正当休闲权利受到排斥，或者是休闲沦为 GDP 增长的附属产物，造成了社会发展的某种异化形态。

实际上，马克思的社会理论给我们提供了关于休闲、自由时间的宝贵理论遗产。马克思十分强调生产在社会生活中的基础性地位，但这种论述始终是从社会概念出发的，认为社会是由生活需要本身和满足这些需要所必需的劳动活动两部分共同构成的体系。在今天的实践条件下，我们在阐述马克思历史唯物主义社会理论体系的基本架构时应当看到，在马克思所阐释的生产力和生产关系、经济基础和上层建筑矛盾运动的理论结构体系之上，还耸立着一个生活和生产关系的理论结构，这就是"生活的生产"。前面所说的理论结构讲的是"生产何以可能"，回答的是"生产是如何进行的"问题；而在这之上预设的理论结构回答的是"生产为什么"的问题。因此，有着各自独立的活动指向和诉求的生活和生产两大活动是相互交织和密不可分的，正像不能离开生活讲生产一样，也不能离开生产讲生活，两者的相互聚会、相互作用，构成人类社会发展的真正的动力学系统。

通过对"生活"和"生产"关系的解读，我们可以发现生活活动通过对生活资源的有效配置和享用来满足人的需要，使人得以生存、享受和发展；生活资料的供给是通过"生产力"实现的，而人的需要满足的过程实际上是人的"生命力"即"生活力"的保持和增长过程。"生活力"的核心体现为人自身本质能力和发展能力的扩大，同时也体现为产生新的更高需要的能力，人的能力的扩大必然成为新的生产过程的推动力量，并最终使整个社会充满活力和繁荣。

由"生活力"的概念我们可以引申出一个"休闲力"的概念。"休闲力"是"生活力"的组成部分。如果说"生活力"是人在满足自身的生存、发展、享受需要中实现自身生命力的保持和扩大的全部生活活动的话，那么"休闲力"就是更高级的"生活力"形态，是人作为人展现人的本质力量、实现自我发展的活动形态。在古罗马拉丁文中，"休闲"（loisir）是指"关照人自身的最好时间"，包含着人们享受生活美的含义。随着人类社会的进步，这种休闲日益成为人们生活的重要组成部分，成为衡量人类社会进步的重要尺度和推动社会发展的强大动力。关于这方面马克思有许多精辟的论述。比如，他认为自由时间就是以时间形态存在的宝贵社会财富，"整个人类的发展……无非是对这种自由时间的运用"；一个国家真正富裕的标志就是劳动时间的减少和闲暇时间的增多；增加自由时间即增加使个人得到充分发展的时间，而"个人的充分发展又作为最伟大的生产力反作用于劳动生产力"，等等。在"后工业社会"，正如许多学者所指出的，社会发展的质量标准在于人的生存质量和全面发展，人们将越来越增加对"休闲"的探索，以此展示个人的能力，实现其潜能和获得个性发展。

因此，只有聪明地休闲，人的各种活动才有充裕的时间进行而且获得平衡发展，才会形成社会的平衡发展、人的平衡发展、人与自然和社会关系的协调等较为理想的发展态势，才能真正实现社会意义上的科学发展。

第二节　休闲旅游

一　休闲与旅游的内核辨析

休闲是最普遍的也是最容易进入的艺术化生活方式。从社会历史发展的角度来看，人们的休闲活动起源于日常生活。劳动与休闲自古就成为人们生活的组成部分，休闲也因此成为人们社会生活的一个重要支点。休闲从休息演绎而来，休息的产生是持续劳动的需要。人们经过一段时间的劳动后，心理和体力都会出现疲惫状态，需要暂停劳动以恢复体力。在生产力极其低下的社会，休息活动具有一定的被动性，是劳动工作的需要。但是，随着社会生产力的发展，休息时间的增多，休息也渐渐具有休闲的内涵，成为较低层次的休闲活动。现代意义上的休闲是指在工作、学习之余享受轻松、悠闲的生活。现代人对于闲暇、休闲的理解更趋向于有自由和安逸的空间，在其中可以休息和消遣，自由地发挥创造力。从这一点来看，休闲是人们自我发展和自我完善的载体。而旅游只能作为一种休闲方式，而不能像休闲一样成为一种生活方式，它只是脱离实际生活的短暂的生活状态，最终还是要回到现实生活中来的。现代社会中由于休闲与工作的融合，工作已不再是休闲的对立面，这使得休闲真正成为了人们的一种生活方式和生存状态。

旅游是非定居者的旅行和暂时居留而引起的现象和关系的总和。人类自诞生后所发生的迁徙、游牧、商旅、征讨、移民等运动都不是旅游，但它们和旅游有一点是相通的，就是人类生存空间的转换。人们外出旅游不是为了物质财富，很少存在追逐物质利益的功利目的。从旅游者踏上行程开始，生活就显示出与居家的截然不同。从某种程度上看，旅游活动是一个仪式过程，经过与日常生活的隔离、回归的过程，身心得到了愉悦，体验到完全的放松感和自由感，这是平日世俗的生活所不能给予的心理体验。正如充满审美意趣的人生才是充分发展的人生一样，旅游活动只有贯穿积极向上的审美观念，才能成为真正健康的、充满意义与生机的活动。生命对美感的追求是天然合理的，审美活动存在一种推进人类不断发展的意义。旅游审美对生活并不要求什么，也不改变什么，它只是将转换生活空间的动机合理地推进为转换生活空间的行为，使之回归一种自然、和谐的状态。

曼内尔（Mannell）和依索—阿霍拉（Iso-Ahola）将"逃离常规和充满压力感的环境以及寻求身心恢复之机会"作为休闲与旅游的原初推动力。依索—阿霍拉从认知心理学角度出发认为，休闲是"对特定时段内个人所从事物质活动和精神活动的主体认知"，并强调其"特定时段"的特征，即"主观上规定的非义务性、自由或闲暇的一段时间"；而旅游乃"动态游憩，体现在离家外出的活动中，这种活动以旅行作为最低程度的需求满足"。此处"动态"非指其行为表征，而是对距离意义的描述。英国学者雷·尤埃尔（Ray Youell）则将休闲与旅游结合起来，认为旅游并不仅是"到国外旅行"，休闲也不仅局限于"家庭环境基础"，两者存在紧密的内在联系，相互促进，共同发展。

二 休闲与旅游的表象差异

在休闲与旅游的影响因素中，闲暇时间占有十分重要的地位。从认识的时间构成来看，在现代社会中，人的时间由以下五个部分组成：（1）法定就业的工作时间；（2）必需的附加工作时间；（3）用于满足生理需要的生活时间；（4）必需的社会活动时间；（5）闲暇时间。根据上述时间构成，可以把人类的全部时间划分为两大类：工作时间和非工作时间。把人在不同时间内的活动加以区分，可以分为限制性活动和自由活动两大类（见表1—1）。

表 1—1　　　　　　　　　　　　　　人类活动与时间分类

时间	限制性活动	自由活动
工作时间	法定就业劳动、附加劳动	工间休息
非工作时间	生理生存活动、必需的社会活动	休闲活动

闲暇时间虽然属于非工作时间，但并不等于非工作时间，可细分为四类，而且其被旅游与休闲所利用的状况是不一样的（见表 1—2）。

表 1—2　　　　　　　　　　　　　　闲暇时间用途分类

分类	每日闲暇	每周闲暇	公共假日	带薪假日
休闲	可用	可用	可用	可用
旅游	不可用	短途旅行	可用	可用

从上述分类可以看出，休闲可以利用小块、零散的时间；但闲暇时间并非可以全部用于旅游。相比之下，休闲既可以是一种态度或自由的感觉，也可以是一种社会活动，同时也可以将其理解为一个特定的时间片段。它打破了日常生活的机械的时间模式，突破了仅把时间作为一种矢量的观点，时间成为意想的空间概念，生活节奏因而发生了变化。而旅游则是一种生活链条断开的新感受，是切断日常居家生活过程所形成的一条牢固的事物链条，摆脱久居的环境，去寻找原生态的山川河湖、空气阳光，寻找农耕文明结束后久违的自然人的感觉，重温脚踏大地、头顶蓝天的自信。因此，这两种人类活动的表征因闲暇时间的多寡及频率的高低而产生了本质上的差异。

但是，旅游者在旅游目的地的消费行为本身就是出于休闲目的（商务旅游除外），旅游者与当地居民共同开展游憩活动，享用服务设施也就成为旅游城市经济发展不可忽视的特征，这种共同性的表现之一就是旅游者消费示范行为效应。因此，旅游城市在协调地区经济发展时必须统筹考虑旅游者与当地居民的休闲需求。在这种前提下，休闲成为人类在自由支配时间内主体自由选择的普遍活动方式，用于满足基本生活需求之外的发展需求，在空间上并不仅仅局限于居住地范围以内，旅游者的休闲活动与城市居民的休闲活动得以同一化（见表 1—3）。

表1—3　　　　　　　　　　　　　休闲与旅游类型的结构划分

		业余爱好／室内休闲／户外健身／郊野游憩／宗教仪式／室内购物／其他	本地休闲	
旅游	休闲旅游	观光度假／探亲访友／康体健身／体育赛事／教育修学／文化旅游／社会交往／其他	异地休闲	休闲
	商务旅游	商务谈判／展览及贸易活动／会议旅游／奖励旅游／其他		

　　许峰认为旅游和休闲在内在本质上是相互联系的，其主要概念如下：（1）休闲是指人类在自由支配时间内主体自由选择的活动方式，用于满足基本生活需求之外的发展需求，在空间上并不仅仅局限于居住地范围以内；（2）旅游是人们在异地进行短暂访问旅行等活动的总称，异地性、短暂性是其基本特征，离开定居地、非工作性质的旅行属于休闲的范围；（3）异地行为是休闲与旅游的内在连接。旅游除去商务、会议等工作性质的旅行活动之外的行为与休闲相符合。

　　综上所述，休闲与旅游两者是相辅相成、辩证统一的。休闲是旅游的前提，旅游是休闲的目的之一，也可以说旅游是休闲的一种最重要的形式。相应地，休闲旅游产业与旅游产业之间是继承与发展的关系，不是谁从属于谁，谁替代谁的关系。传统的旅游业要发展，要顺应时代的潮流，就必须拓展它的外延和丰富它的内涵，在此过程中休闲旅游产业的崛起将不以人的意志为转移，自然而然地发挥拓展旅游业的作用。

三　休闲业与旅游业的交叉——休闲旅游

　　由于经济的发展，劳动时间的缩短，休闲时间逐渐增多，因而休闲活动在不断地增加，休闲内容也在不断地丰富。由于休闲和旅游都发生于我们的闲暇时间之内，在其中人们都能获得心理轻松、愉快、自由自在的感觉，并且都可以增长知识，有利于身心健康，实现自我完善。因而，两者必然出现一定的交叉，一些突出快乐、悠闲的旅游活动便可以成为休闲旅游。但是休闲旅游到底该如何来界定，并不是一个容易说清楚的问题。

（一）休闲旅游定义

　　早在1997年公布的《旅游服务基础术语》（GB/T 16766—1997）中对旅游服务产品进行了界定，明确列举了观光旅游、度假旅游、专项旅游、会议旅游、奖励旅游、特种旅游等多种定义。虽然其中没有对休闲旅游进行明确界定，但在定义度假旅游的同时，特别提出了度假和休闲的目的。

休闲旅游，顾名思义，即以休闲为目的的旅游，是旅游与休闲的结合，同时也是一种重要的旅游产品。只有当社会经济水平、人们的休闲意识和社会休闲设施发展到一定阶段，才会产生休闲旅游。休闲旅游的目的是唯一的，那就是休闲，通过旅游活动的开展使人们的身心得到最大程度的放松，这是旅游深化发展的必然产物。从最初走马观花式的观光旅游繁荣、发展到渴望全面、多样感受的滞留性休闲旅游、度假旅游协调发展，旅游经历了由享乐主义到生活乐趣的蜕变。从对资本的炫耀到注重自我实现、自我养成的转变中现代化的旅游方式正在逐渐形成。随着旅游产品的种类越来越丰富，旅游意识越来越先进，旅游正在经历革命性的变革。

当前，关于休闲旅游的定义主要有以下几种：

马惠娣认为，休闲旅游是以休闲为目的的旅游，它更注重旅游者的精神享受，强调人在某一时段内所处的文化创造、文化欣赏、文化建构的存在状态。它通过人的共有的行为、思想、感情创造文化氛围，传递文化信息，构筑文化意境，从而达到个体身心和意志的全面和完整的发展。休闲旅游还特别强调人与自然的和谐一致，增强爱护、保护自然的意识。

刘群红认为，休闲旅游是指以旅游资源为依托、以休闲为主要目的、以旅游设施为条件、以特定的文化景观和服务项目为内容，离开定居地到异地逗留一定时期的游览、娱乐、观光和休息。这一定义既从旅游服务的角度又从人自身发展的角度说明了休闲旅游的过程性和目的性。

陈向红认为，休闲旅游是人们在职业活动以外，离开居住地一定距离，以自己喜爱的相对自由的方式进行休养、度假、健身、消遣、娱乐，以达到消除身心疲劳，发展自我，充实精神的一种形式简单、气氛轻松、费用适宜、重游率高的新兴旅游方式。

陈雪钧认为，休闲旅游是指旅游者通过形式多样的度假、健身、消遣、娱乐、游憩等活动，以满足开阔视野、增长知识、恢复身心、发展自我等需求的高层次旅游形式。目前，休闲旅游已经成为世界旅游市场的热点与趋势之一。

黄大学、何文玉等人认为，休闲旅游是不同于观光旅游的一种旅游方式，它以修养身心，陶冶情操等为主要目的。

朱海华、白仲安认为，休闲旅游的核心是强调环境的美化与优化，协调人地关系与人际关系，减轻环境压力。它是一种集观赏、感受、研究、洞悉大自然于一体，又不破坏大自然的旅游形式，一种以普及人文知识、维护自然平衡为目的的旅游产品，一种保护生态环境和资源可持续发展的旅游方式。

岳培宇、楼嘉军认为，旅游是休闲活动的重要组成部分，而休闲旅游则是旅游活动的一种新型产品形式。

李继峰指出，休闲旅游就是以休闲为主要目的的旅游。与传统旅游相比，休闲旅游更多的是强调个体与群体间的文化互动过程和人与自然在相互磨合中的和谐性。

刘爽认为，休闲旅游是旅游者在不破坏人与自然的和谐发展的前提下，在占据了较多的闲暇时间和可自由支配的经济收入的条件下，离开居住地点，借助于各种旅游活动如观光、健身、娱乐等，期望实现放松身心、充实精神，实现自我发展或提高生活质量。休闲旅游不同于传统的观光旅游，它更注重旅游者的精神享受、身心放松和心理需求。

结合上述休闲旅游的相关理论研究和实践总结，我们将"休闲旅游"界定为：旅游者借助一定的休闲资源或设施，在其定居地以外的其他区域进行的以休闲为主要目的的游览、逗留、学习、体验和娱乐等旅游消费活动。休闲旅游是一种在休闲文化的影响和带动下开发的集观光、度假、体验、娱乐、运动于一体的综合性旅游产品，代表着旅游产业发展的较高阶段。

事实上，休闲旅游与观光旅游、度假旅游产品具有不同程度的重合和相互联系，三者在一定层面上交叉融合。因此，在进行休闲旅游的概念界定的时候，不能也无法将其与观光旅游、度假旅游截然分开，只能从休闲旅游发展的阶段性特征、休闲旅游发展的条件以及休闲旅游更为注重的相关问题入手进行尽可能全面、科学地界定。

休闲旅游毕竟不同于一般意义上的旅游，它对传统的旅游概念从内涵到外延都作了新的延伸，与传统的观光旅游等类型的旅游活动相比，两者存在明显区别。

1. 休闲旅游的目的主要是放松。而这一目的性远远强于传统旅游形式中的娱乐性、消遣性。特别是在当代快节奏的生活状态下，人们都有意识地追求放松身心。悠闲、自在的旅游价值取向使休闲型旅游成为一个独立的旅游业类型。

2. 休闲旅游目的地的特殊性。休闲旅游目的地一般不是传统的名胜观光区，其特点是环境优美、适于人居，多数具有疗养康体条件。如海滨、湖边、山林、温泉等也是重要的休闲区域。

3. 旅游形式不同。休闲旅游一般日程安排松散，在一个旅游地停留的时间较长，其主要目的是娱乐和消遣，游览退居其次；而观光旅游通常是长途旅行，常出现一天之内游览几个景点的情况，注重满足视觉审美而忽视内心体验和感受（这种旅游活动常使旅游者异常疲惫）。这是其他传统型的旅游形式与休闲旅游最本质的区别。

（二）休闲旅游产品

一般来说，从休闲的功能、目的以及需求层次理论等角度，可以将休闲划分为四种类型，即文化娱乐休闲、运动康体休闲、餐饮休闲以及学习、体验休闲。休闲具有经济性和非经济性双重属性，而休闲旅游作为旅游业发展的重要内容，具备了旅游业作为国民经济产业的经济属性，经济性特征较休闲更为突出。同时，休闲旅游的分类秉承了休闲中能够作为旅游产品开发的那部分内容，其分类更为详细、具体，也更符合当今旅游业发展的趋势和旅游者的休闲需求。

休闲旅游产品包罗万象，从休闲旅游的开发方式、目的和休闲的功能等角度就可以分为以下六种：观光型、体验型、度假型、康体运动型、娱乐节庆型和专门性休闲旅游产品。其具体内容有：

1. 观光型休闲旅游产品：是指旅游者主要通过相对舒缓、悠闲的游览方式实现观光休闲的目的。如欣赏城市风光（城市建设）、乡村特色、山地森林景观、水域风光、特色建筑、文化载体（或氛围）以及其他独特或垄断性旅游资源等，包括旅游景点和"无景点"旅游。

2. 体验型休闲旅游产品：旅游者在特定的旅游环境中，通过体验当地特有的民俗风情、生产生活方式以及文化氛围等实现休闲的目的。"农家乐"、"渔家乐"就是这种旅游产品的典型代表。

3. 度假型休闲旅游产品：这是休闲旅游和度假旅游的结合，也是二者的过渡阶段。与度假旅游不同的是，这种旅游产品实现的时间相对较短，对旅游资源的依赖性也相对较小。但是相比于其他休闲旅游产品来说，这种类型是最能体现休闲真谛、符合休闲理念的产品形态。

4. 康体运动型休闲旅游产品：这是最接近休闲生理意义的休闲旅游产品类型，即以特定的旅游环境（如滑雪场、温泉地、海滨、高山等）为依托，结合当地的特有资源所开发的以康体和运动为主的旅游项目，主要是为了实现恢复体力、休养生息、养精蓄锐等目的。

5. 节庆娱乐型休闲旅游产品：顾名思义，它是依托大型的节庆活动开发的具有较强娱乐性和休闲性的产品类型。如依托元宵节、端午节等传统节庆；依托如宁波象山开渔节、宁海"徐霞客开游节"、余姚杨梅节等当地特有资源所开发的现代节庆娱乐旅游项目。

6. 专门性休闲旅游产品：这是除上述几种类型之外，某些旅游目的地结合自身的著名资源、市场区位、特有发展历程、特殊历史地位等开发的专门性休闲旅游产品。例如能够提供一种或几种专门性服务的休闲产品——城市周边的特色餐馆、乡村旅馆、大型的购物旅游以及休闲教育（休闲学习）等。

虽然理论上将休闲旅游产品的类型分为六种，但从休闲旅游的开发实践来看，每一种产品类型并不是单一发展的，很多资源在开发的过程中是具有多元功能性的。因此，在此只作简单分类。在休闲旅游开发的过程中还要结合当地的实际情况和今后发展的趋势作区别对待，并实行多种类型的组合、配套、协调开发。

第二章 中外休闲旅游发展历程

他山之石，可以攻玉，本章分国内和国外介绍不同地区休闲旅游产业发展的历程和发展经验。外国部分选择了休闲之都巴黎和意大利海港那不勒斯分别作为都市休闲旅游和滨海休闲旅游发展成功的典范来解读其休闲旅游发展的路径，国内部分分析了北京、上海、杭州和成都这四大城市在发展休闲旅游上的主要做法和成功经验，并以此为参照、借鉴，为宁波选择休闲旅游发展道路奠定基础。实际上无论是杭州的"大产业，大休闲"做法还是北京的郊区休闲、沟域经济的选择，抑或是上海公共文化休闲产品的开发和成都休闲文化创意产业的发展都告诉我们一个朴素而又深刻的道理，即每一个休闲旅游城市的发展都离不开其独特的发展背景和资源条件，只有选择适合自身特点的发展模式才能走出成功的休闲旅游发展道路。

第一节 国外休闲发展历程及主要产品

一 国外休闲生活方式的发展历程

从以英国为代表的欧洲国家的休闲生活方式以 18 世纪中叶在英国兴起的工业革命为界，呈现出前后不同的状态。在工业革命之前，西方社会是农业社会，在人们劳作时间不固定的情况下，工作与休闲之间的界限是模糊不清的，对很多农民来说，在农闲时节从事一些简单的手工劳作，就是一种闲暇活动，而较大规模的休闲则主要是节日庆典及节庆时的各种活动。

随着工业时代的来临，农业和手工业的劳动实践日益变得专门化、规范化，这使得原先从事这些工作的心理闲暇感消失，休闲被当作工作之外放松的手段，工作与休闲逐渐对立，终于在性质上发生了改变。工业革命带来的另一个重要变化是中产阶级的兴起，他们开始在社会文化中传播自己的价值观，并试图建立一种更为"纯洁"的休闲文化方式，后来的学者将其称为"理性休闲运动"。其内容主要包括知识教育、艺术欣赏、户外休闲和体育运动等方面。这是一场自上而下的休闲变革，"理性休闲"的观念成为社会中上层努力寻求教化工人阶级的重要宣传口号，并得到了禁酒运动团体、教派团体以及政府等的大力支持，从而逐渐受到工人阶级的认同。

到了19世纪末，随着人们将越来越多的可自由支配的收入纳入休闲消费的范畴，休闲领域逐渐被商业化，带有营利性质的音乐会、剧院表演、马戏团演出等形式的活动成为大众休闲的重要内容；社会中流行的书籍和报纸大量增加；商业性的职业体育比赛如赛马、足球等开始成为人们日常生活中的重要消遣活动。除此之外，英国海滨休闲城市也因大众休闲而兴起。越来越多的中产阶级和普通民众开始涌到巴斯（Bath）、布莱顿（Brighton）等海滨城市享受新鲜空气、灿烂阳光以及各种娱乐休闲活动，这些城市逐渐形成了浓厚的商业化倾向，修建了大量的收费休闲设施，如公共浴池、剧院、咖啡馆、购物广场，尤其是一些价格昂贵的温泉浴场更是成为人们时尚的休闲场所。

正是从19世纪开始，西方社会文化中对休闲有了较大层面的承认，认为它是生活价值中不可或缺的一个重要组成部分，个人休息权利和休息时间是天经地义、神圣不可侵犯的，所以，绝大多数的休闲方式、休闲活动都起源于欧美国家，流行于欧美国家也就不足为奇了。

到了20世纪六七十年代，发达国家在整体上陆续进入休闲时代。一方面，通过19世纪五六十年代社会经济的快速发展，欧美发达国家相继步入人均GDP 3000—5000美元的发展阶段，居民生活状态明显改善。另一方面，休假制度也日趋完善，包括带薪假期在内的各种休假时间的总数接近全年的1/3。在家庭收入水平递增和休闲时间延长的共同作用下，居民社会生活方式、消费趋向、价值观念发生了相应变化，并使现代休闲生活方式成为最重要的时代特征。对此，西方学者比较一致的看法是"人们是通过休闲而不是通过工作来体现个性和自我表现"的。也正是基于对这一时代特点的判断，法国社会学家杜马兹迪埃（Joffre Dumazedier）在20世纪60年代就"迫不及待地宣告休闲社会即将来临"。不久，帕克等学者又进一步明确指出："我们正进入一个具有新的闲暇伦理观和娱乐道德观的闲暇时代。"显然，工业革命以后，发达国家经过数百年的发展才得以逐步迈入休闲时代。在此后的发展过程中，美国的休闲时代发展态势在发达国家中尤为引人注目，且在20世纪90年代就已经呈现出如下时代特征，"有1/3的时间用于休闲娱乐，有2/3的收入用于休闲娱乐，有1/3的土地面积用于休闲娱乐"。需要指出的是，20世纪晚期知识经济兴起和全球一体化进程加速的有利条件，极大地推动了休闲化在全球范围内的发展和渗透，并促使休闲时代进入一个新的发展时期。

从20世纪60年代至今，经过半个世纪的发展，发达国家人均GDP已经普遍提升到3万—4万美元的水平，居民可支配休闲时间所占比例也上升至全年的41%左右。需要指出的是，居民用于休闲或与休闲相关的消费在同步增长的同时，对社会经济的影响力也与日俱增，约占GDP的50%。在美国，这一比例更是已逾60%。基于这样的社会发展背景，莫里托认为，21世纪将形成推动全球经济增长的五大动力，而休闲是位居第一的重要推动力，并明确提出欧美发达国家或许将于"2015年进入休闲时代"的发展时间表。届时，"休闲的中心位置将会进一步突出，人们的休闲观念也将发生本质的变化"。

二 国外休闲产品的主要类型

放眼20世纪60年代至21世纪初将近50年的发展历程，欧美发达国家的人均GDP提高了将近10倍，人们的休闲方式和休闲观念业已发生了显著变化，而且休闲对社会、经济和文化的影响力也在不断加强。发达国家休闲时代的发展经历了从较低阶段向较高阶段演进和跨越的演变轨迹。认知这一发展过程，不仅对于理解和把握休闲时代的发展轨迹和内涵具有重要的指导意义，而且对于促进中国休闲时代的发展也具有现实的借鉴意义。

随着后工业社会的到来，西方经济迅速发展，在科技、交通、信息的进步以及生活方式转变的推动下，除了传统的休闲生活方式以外，休闲旅游产业开始脱颖而出。到20世纪末，与休闲相关的旅游业成为世界经济的重要产业。在世界范围内，休闲旅游业所创造的产值每年可达3万亿美元。从国际上休闲旅游发展的整体情况来看，由于受到资源以及各国旅游发展理念的限制，各国发展休闲旅游产品的情况不一，下文主要介绍休闲旅游的几种典型产品的起源和发展历程。

运动休闲：户外运动休闲一直以来都是深受欧洲人民喜爱的休闲活动方式，尤其山地户外滑雪运动更是在欧洲源远流长。作为一项时尚的冬季度假活动，滑雪是一种与消遣娱乐和旅游有关的生活方式的典型表现。在第一次世界大战以前，滑雪是欧洲上流游客才能享受的社会活动。由于滑雪运动需要经过专门的培训、专业设备和特殊的场地，在20世纪60年代以前，滑雪旅游市场主要集中在少数顾客身上。但是到了1970年以后，随着人工造雪机和脱离式吊椅的出现，滑雪运动的门槛迅速降低，在欧美地区，滑雪运动随着较为廉价的包价度假旅游的发展逐渐成为一项大众冬季旅游活动。据统计，对欧洲滑雪市场的发展来说，20世纪70年代是一个非常重要的阶段，游客以7%的比例逐年递增。

作为一项旅游休闲和体育运动相结合的项目，滑雪运动的开发衍生出了多种行业，滑雪场里的任何一种设备和器具都代表着一种产业。比如滑板、滑雪服、缆车、造雪机、压雪机甚至是眼镜、帽子等，每样东西都会带动相关产业的发展。滑雪场的建设与旅游滑雪业的发展会带动全社会相关产业的开发与建设，首先受益的是酒店等服务行业，此外，对建筑、交通、电信、商业、手工业、农副产品生产等行业都有着巨大的拉动作用，对周围贫困地区的就业、脱贫乃至促进经济发展，增加收入都有积极的作用。

游乐休闲：游乐休闲最著名最有代表性的莫过于美国。美国的游乐休闲业从其发展历程来看可以分为两个阶段。其一是1995年洛杉矶迪斯尼乐园建成以前兴建的各种游乐园；其二是迪斯尼乐园建成后诞生了一批以米老鼠为主线的构思新颖、匠心独运的主题乐园。有人戏称"一只小老鼠扰乱了世界"，人们能够接受这样一种理念：观赏休闲的花园、公园是适应工业发展初期人们对休息环境的要求；游乐园则是工业化社会机器和人的生活密切联系的一种反映；而主题公园则反映了电子世纪、现代高科技在娱乐业上的成功。美国的游乐业有这样几种走势：主题乐园、游乐园、水上乐园、家庭娱乐中心、小型高尔夫球及其他。家庭娱乐中心是近年来美国刚刚兴起的以家庭成员为接待对象，以休闲娱乐健康为目的的场所，简称PEC。美国的游乐业对全球的游乐业有指导性作用，中国20世纪80年代兴起的游乐业主要是受洛杉矶迪斯尼乐园和好莱坞环球影城的影响。

滨海度假休闲：大众化的休闲度假出现于19世纪，随着中产阶级规模的扩大，可自由支配的财富的增多，便捷交通的出现，尤其是工业化和城市化的快速发展，城市环境问题日益加剧，使大众休闲度假在欧美等国家日益活跃。具有医疗性质和保健性质的环境、质量优越的地域成了人们在闲暇时间竞相追逐的地区，温泉浴、矿泉浴大受青睐。一方面西方大部分发达国家国土面积较小，温泉和矿泉旅游资源有限，不能满足其国内居民旺盛的度假需求；另一方面海水浴因被发现其功能不逊前者，再加上滨海资源丰富，充满"3S"享受（阳光、沙滩、海水）的滨海休闲度假旅游一跃成为国际主流度假旅游产品。根据世界旅游组织的统计，2002年世界入境旅游人数7.15亿人次，居前四位的是法国、西班牙、美国和意大利，其滨海度假旅游在旅游总收入中占有很大的比重。2005年，仅地中海沿岸每年接待国际游客超过1亿人次，其中85%流向西班牙、意大利、法国和土耳其的海滨。

农业休闲：农业休闲是利用各种农业景观资源和农业生产条件来开展的休闲活动，农业休闲活动在世界各地均有分布，发展的轨迹和重点略有区别。

在欧洲，人们通常把各种农业休闲活动统称为"乡村旅游"，它最早起源于德国的山区和法国的沿海地区。而欧洲有组织的农业旅游可追溯到19世纪中期。例如，1865年意大利就成立了"农业与旅游全国协会"，专门负责介绍农业旅游。

欧洲国家的休闲农业旅游以"民宿农庄"或"度假农庄"最为普遍。欧洲的民宿农庄主要分为两种形态：一种是住宿在农家与农家成员共同生活，或是住在由农舍改建而成的游客房舍里，由农家为游客提供最简单的服务。另一种则是住在紧邻农家的出租小平房里，或是农场提供露营住宿，炊事自理。此种形态常见于北欧国家。民宿农庄一般都由农家采取副业方式经营。欧洲家庭组合出游的比例较高。据国外对英国"度假农庄"的调查，游客以全家旅游与夫妻旅游居多，他们大多来自中上阶层的上班族或是商业人士，年龄都在45岁以上。全家旅游的游客偏好自助式民宿形态，因为此种度假方式费用较省，且度假农庄也允许较具弹性的休闲活动。

欧洲国家的休闲农业旅游形态已呈现出多元化。有以美食品尝为主的农场饭店，有以度假为主的民宿农庄、露营农场，还有骑马农场、教学农场、探索农场和狩猎农场等。在法国、芬兰、奥地利、英国农村，提供住宿的一部分农场主还兼营旅游、餐厅、球场、赛马场、钓鱼场、园林等，供旅游者休闲享受。

美国休闲农业旅游最主要的形式是"度假农庄"及观光牧场。据2001年的一项研究表明，全国有近2/3的成年人，在过去的三年中，去美国农村地区旅行过，其中以休闲为目的的占90%。美国人普遍认同的农业旅游类型是：乡村文化遗产旅游、乡村自然生态旅游、以休闲和体验以及教育为目的的农业旅游。

亚洲国家休闲农业发展较欧美发达国家略迟。日本在1981年提出"自然休养村"概念，提倡并推进绿色旅游理念，鼓励在农村开展融自然生态、乡土文化、人际交流于一体的住宿型休闲活动。1995年，日本通过法案支持农村地区发展旅游业。农林水产省认为，农村地区不仅是用于纯农业生产以及农村人口居住之地，而且是"国家的公共财产，是人们可以放松，修身养性的地方"，积极推动发展农场旅馆，吸引越来越多的农业旅游者。在城市市民对农业、农村的需要高涨的背景下，以体验农村生活为主题的电视节目、杂志和报纸人气非常旺盛，电视节目收视率高达20%。

1984年，韩国政府推进休闲农业旅游的初衷是振兴农村经济，提高农民收入。旅游农场是其主要的产品类型。在韩国大城市周边的农村，都建有许多"观光农园"和"周末农场"，这些农园集休闲、体验、收获为一体，吸引了大批市民。这便是如今在中国发展的如火如荼的"农家乐"模式。据韩国有关机构统计，仅2000年，利用周末和暑假到"观光农园"休假的城镇人口达446万，相当于城市人口的1/8。另据韩国农村经济研究院的资料表明，2001年，韩国农村观光和民俗市场的经营规模达到2.84万亿韩元。"观光农园"和"周末农场"已经成为韩国郊区农民一项重要的收入来源。

新加坡的休闲农业旅游是建立在农业园区综合开发基础上的复合型产业。从20世纪80年代起，新加坡政府设立了十大高新科技农业开发区。在这些农业园区内，建有50个兼具旅游特点和提供鲜活农产品的农业旅游生态走廊，有水栽培蔬菜园、花卉园、热作园、鳄鱼场、海洋养殖场等，供市民观光。还相应地建有一些娱乐场所。这不仅为新加坡人提供了农业旅游场所，每年还吸引了 500 万—600 万国外旅游者。经过多年的建设，新加坡农业园区已建成为高附加值农产品生产与购买、农业景观观赏、园区休闲和出口创汇等功能的科技园区，成为与农业生产紧密融合的、别具特色的综合性农业公园。

由此可见，亚洲国家休闲农业旅游产生的经济、社会背景比较相似。休闲农业旅游的发展都是随市场需求而兴起、为拓展生存空间而发展。与欧美国家相比，亚洲国家和地区的休闲农业旅游产品内容更多。活动内容包括产品销售、风景观光、农业公园、农村休养、传统庆典和文娱活动以及开展农村修学旅游和会员制活动等。亚洲国家和地区休闲农业旅游的产品类型多有雷同，并且偏重于观光体验游乐型，走的多是以农业生产过程参观，生产过程操作，农业产物利用型为主的、兼营游乐项目的农业观光娱乐业。这与欧美国家有所不同，欧美农业旅游偏重住宿农场的乡村休闲度假模式。另外，日本、韩国、新加坡及澳洲地区人工再造农业旅游景点较欧美国家多。欧美国家的农业旅游多以乡村自然生态和农业资源为主，少有人工再造景观和景点。

由于受到地理、资源、政策、环境等因素的影响，世界各国休闲旅游的发展阶段、方式和种类也各不相同，传统度假胜地角色的转变、休闲消遣娱乐行为的改变以及人们的行事方式等都促成了不同旅游目的地的休闲特色。

除了大力发展各类专项休闲旅游产品外，从西方发达国家发展实践看，进入休闲时代，城市功能必然会发生相应的变化。第一，经济功能休闲化。一方面，城市经济功能出现转型，由传统的制造业经济结构向服务型经济结构转变，从而使经济中的休闲因素呈现不断扩大化的趋势。另一方面，以文化、旅游、体育、娱乐和教育等为主要内容的休闲服务产业的蓬勃发展，在物质生产和精神生产两个层面逐步形成了比较完整的休闲产业体系。因此，城市生产功能的转型和休闲产业的发展，既为城市休闲经济打开了广阔的发展空间，也使休闲经济成为促进城市经济发展的重要动力。第二，公共服务功能凸显休闲内涵。首先，从接待服务功能看，随着本地居民休闲消费能力的提高和休闲消费欲望的增强，原来单一性的旅游接待服务逐渐被综合性休闲接待服务功能所取代，满足本地居民休闲需求逐渐上升至主导地位。其次，从城市休闲活动区空间布局看，传统旅游区逐渐向城市商业中心转移，使得居民娱乐活动和游客观光活动在城市区域空间上出现重叠的发展态势，进而形成了旅游区与休闲区一体化的空间布局特点。最后，从休闲设施构成看，各种城市公共休闲服务设施在规模上面临新一轮兴建、改建或扩建的发展阶段。一是休闲设施在功能上由单体性走向综合性；二是在设施等级上向高档次和现代性递进，进而形成如美国林肯艺术表演中心和澳大利亚悉尼歌剧院等具有标志性影响力的休闲娱乐设施。第三，城市休闲环境追求人与自然和谐相处的可持续发展意境。根据《雅典宪章》的规定，森林、河道等自然资源是构成城市休闲功能的基本内容之一。跨入休闲时代，城市不仅要进一步强化自然资源所固有的休闲功能，而且要完成自然休闲资源从单纯使用到可持续利用的转变，更加注重城市休闲环境的人本主义内涵以及人与自然和谐共处的理念，并渗透到城市生态休闲环境建设之中。

第二节　国外休闲旅游发展典型案例

一　休闲之都——巴黎

（一）巴黎中心的旅游区

作为世界上久负盛名的旅游城市，巴黎吸引游客的魅力主要来自自身拥有的在悠久的历史岁月中所积淀下来的文化和艺术特质。巴黎城市中各种特殊的建筑物、纪念碑、卢浮宫等著名博物馆中的世界级藏品，以及丰富多彩的消遣娱乐活动、餐厅和酒吧，热闹的夜生活等构成了巴黎独特的休闲内涵。巴黎的休闲特质是在长期的历史发展过程中逐步形成的，难以用三言两语来简单概括，但是通过对巴黎西岱岛、蒙马特高地和歌剧院区这三个休闲游客到访频率较高的地区进行比较分析，我们可以管中窥豹式地来探究巴黎休闲旅游的发展路径。

虽然上述三个区域的休闲旅游风格各不相同，而且其潜在的功能也存在着差异，但是它们在发展休闲旅游时都有一个共同点，即每个区域都有一个中心吸引物，以中心吸引物为核聚集旅游者人气，大量旅游者聚集后又促进主要旅游景点附近的景点和旅游服务设施与休闲配套设施的建设。

西岱岛是巴黎塞纳河上的一座小岛，是整个巴黎最古老也是最中心区域，法国文化和法兰西民族由此发源，现在依然是法国文化政治各界名流必居之地，历时 182 年建成的巴黎圣母院就位于西岱岛的东侧。蒙马特高地位于巴黎北部，是巴黎最年轻的一个区，这里有着夜夜笙歌的红磨坊和写满爱情的巴黎爱墙，一排排的咖啡店、酒店是这个地区旅游模式中突出的特点，对喜好休闲游客来说，这里和谐地包容了宗教、艺术和爱情，是难得的休闲旅游之地。歌剧院区有着大名鼎鼎的卢浮宫和杜伊勒里公园，每年如磁铁一般地吸引着大量的旅游者，这个区块内有着大量销售高档商品的街区，内有许多为旅游者开设的免税店，对很多的国际休闲游客非常具有诱惑力。

上述三个地区的当地居民和外地旅游者共享城市资源，即便在晚间停业后这些地区的各类城市商业场所和商业设施也会以商店橱窗的形式对外展示，甚至商店的风格也成为了城市夜生活的一部分。这也是形成城市休闲文化的一大因素。

（二）巴黎城市休闲特质的形成与发展路径

巴黎形成"休闲之都"是城市天生气质自然演化的结果。巴黎建都已有 1400 多年历史，而城市自身的历史已有 2000 多年。巴黎的名胜古迹遍布全城，数量极大、价值极高的历史文物塑造了巴黎高尚的城市文化。巴黎自古以来就享有"艺术之都"的美称，音乐、舞蹈和戏剧成就辉煌，也成为巴黎人业余艺术实践的重要载体。休闲自古就是巴黎人生活中不可或缺的一项重要活动。

20 世纪 60 年代以来，巴黎处于战后的经济繁荣中，人们对休闲的需求日益提高，民众强烈的休闲需求催生了城市发达的休闲旅游产业，城市休闲服务提供者的行为越来越带有商业色彩，私人资本大量进入休闲旅游产业，形成了公共民营合作制的休闲旅游产业经营模式。政府积极介入休闲服务领域，在休闲设施的建设和完善方面投入了大量的精力和财力，形成了航空、陆路、水路交通畅达，公园、活动中心、广场齐全，博物馆、歌剧院、音乐城和体育馆密布的全方位立体休闲系统布局。根据巴黎的城市规划布局，休闲设施已经成为巴黎社区建设中的一个重要组成部分。政府的介入是以市场需求主导为前提的，政府在休闲服务领域中扮演着直接提供者、委托人、非营利机构的资助和监督者以及立法者等角色，旨在为市场机制得以发挥正常作用创造有利条件。

二 迷人海港——那不勒斯

那不勒斯省位于意大利南部，面积 1171 平方公里，平均海拔 17 米，省会城市那不勒斯是意大利仅次于罗马和米兰的第三大城市，是地中海的著名海港，这里气候温暖，风光旖旎，景色宜人，大海、太阳、火山、古城使之成为地中海最著名的旅游风景胜地之一。

位于维苏威火山脚下的那不勒斯市，是坎帕尼亚大区的首府，人口 120 多万，是意大利南部最重要的城市和最美丽的港口，市区建在平坦的海滨和通往维苏威火山方向的低矮山坡上，长约 10 公里。那不勒斯的自然环境反映的是原始时代的面貌，火山灰形成的土壤极为肥沃，温和湿润的地中海气候四季咸宜，高高低低的房屋被一条条狭长的小巷和坚固的石头阶梯连在一起，街道上到处铺着火山岩，巨大的垃圾桶上布满了各种涂鸦，加上错落分布的年代久远的巨大古堡，那不勒斯处处洋溢着艺术的气息。

那不勒斯有地中海灿烂的阳光，有清爽的空气，有优美的风光和人文古迹（庞贝古城），还有浪漫的意大利风情。那不勒斯地中海沿岸还有不少知名度颇高的地方，像意大利民歌《重归苏莲托》（描述的是意大利南部维苏威火山脚下一个盛产柠檬并以此闻名的小城）中所描述的苏莲托就在这里。苏莲托（Sorrento）是一个海边度假小镇，位于苏莲托半岛，距那不勒斯不到 20 公里，半岛呈弧形，划入蔚蓝色的地中海。在这里，街道上、海岸边、咖啡座，处处都充满着意大利风情。苏莲托的沿海路一面沿山蜿蜒，一面是万丈悬崖直入地中海，很多白色的地中海式建筑依山势而建，其中不少都建在俯视地中海的悬崖上，地中海魅力风光尽收眼底。

那不勒斯最秀丽的地方是桑塔露琪亚（Santa Lucia），这里的散步道与民谣齐名，最有特色的是日出的景色。著名的意大利民歌《桑塔露琪亚》唱的就是离王宫 500 米处的海港美景。桑塔露琪亚港边上的海滨大道，东起蛋城，西至梅瑞里那，凝聚了那不勒斯景色的精华，成为那不勒斯的外滩。大道内侧是富人居住区，依山傍海，公共花园和私人别墅精致非凡，路边有不少可供休闲的椅子，还有很多喷泉，大道外侧的海港里停着无数帆船和漂亮的游艇。

在那不勒斯，甘布赖纳斯咖啡馆（Cafe Gambrinus）是城里社交活动最活跃的中心，去那里喝咖啡跟去歌剧院同样重要。那不勒斯卡普里岛和南边的阿玛尔菲海岸是大量欧洲游客消夏的地方，因其海岸悬崖的美丽风光而被联合国教科文组织定为世界自然和文化遗产，也被美国《国家地理》杂志评为"一生必须看一次"的世界51个地方之一。那里度假气氛非常浓郁，到处都可以看见躺在柔软的沙滩上的各国游人。

那不勒斯是意大利的天然良港，港阔水深，货运量居意大利全国第二位，可远航至世界各大海港。那不勒斯十分注意对旧城和工业区的改造，虽然还有一些残留的厂房和烟囱，但更多的是美丽的海港、海滩和豪华的游艇。那不勒斯市政府专门制定了工业区改造计划，将工厂逐步搬迁或拆除，并开辟新的港区，建设新的海上花园和新的旅游度假区。

那不勒斯的夜景名气很大，与香港维多利亚海湾以及日本北海道函馆的夜景并称为世界三大夜景。

那不勒斯的休闲特色表现在生活的方方面面，行、游、吃、住的休闲体系都非常健全（各自自成体系同时又互相兼顾）。这不仅得益于那不勒斯优美的自然风光和独特的文化积淀，还得益于那不勒斯旧城改造过程中对休闲理念的渗透和休闲氛围营造的关注，从一开始，这一切就是在规划的指导下有序展开的。那不勒斯的突出特色是它的夜景营造，这可以延长游客的休闲时间，拓宽休闲空间，并间接带动产业链条上其他环节的完善。

三　国外休闲公共管理的经验

市场失灵、休闲人权等因素决定了政府不能对公共休闲无动于衷，而应该通过对休闲各个领域的积极干预，提供更好的公共休闲服务。美国休闲学者麦克林认为："政府的游憩管理包括可进入性和设施的供应、保护、信息和领导。"英国学者乔治·托德则认为政府对休闲和游憩服务间接的供应中也应该包括规划和教育功能。从总体上看，西方发达国家政府公共部门休闲和游憩管理的手段主要包括直接或间接供应与日常管理、规划（包括战略制定）、制定政策、出台法规。

目前西方国家从事休闲管理的主体权力机关（见图2—1）主要是政府机构和议会（或国会）；休闲管理的客体（即对象）包括休闲者、

休闲服务、休闲设施、休闲吸引物、非营利性组织、私人公司等；休闲公共管理的媒介或工具主要包括供应和日常管理、规划、政策、法律，其中供应和日常管理、规划、政策、法律的作用面包括了休闲公共管理客体的几个方面。

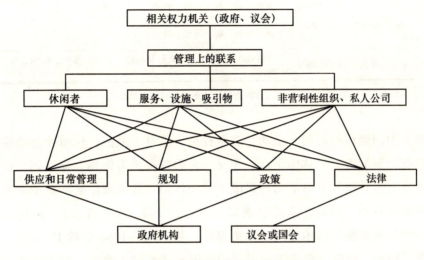

图2—1　西方发达国家休闲公共管理框架

第三节　国内休闲旅游发展历程

一　近现代中国休闲的嬗变

根据刘新平的研究，中国人民的休闲活动丰富多彩，并与所处时代关联紧密，但是在封建社会结束后，由于受到外来文化的影响，近现代中国人的休闲方式和休闲活动出现了明显的嬗变（详见表2—1）。

由表2—1可以看出，各个时期的休闲方式具有明显的时代特征。从秦汉至明清，在中国的封建社会，休闲活动大体上流行于文人雅士和士大夫阶层，由于有较好的文化学识和一定的物质基础，休闲活动体现出一种怡然自得的生活状态。到了晚清以后，一方面，传统习俗走向崩溃；另一方面，帝国主义入侵带来了层出不穷的新思想、新玩意儿。在20世纪初的混乱中，人们在应付生活之余有着更多的迷乱烦恼需要宣泄，有着更多的诱惑或刺激亟待尝试；淫靡享乐、奢豪华丽成为新的时代风尚，晚清的休闲方式呈现出斑驳陆离的怪诞景观。在民国时期的38年

表 2—1　　　　　　　　　　　20 世纪中国休闲活动的变迁

时期	主要休闲活动
秦汉至明清时期	蓄声器、好娱乐、游山水、筑园林、嗜茶酒、谙美食、谈闲书、做雅事
民国时期（1911—1949）	戏曲与曲艺、泡茶馆、逛游艺场、游商业街、看电影、集邮
新中国 17 年（1949—1966）	体育运动、跳交谊舞、集邮、电影、戏剧、逛公园
"文化大革命"十年（1966—1976）	看样板戏、唱语录歌、跳"忠字舞"
改革开放年代（1976—2000）	看电视、卡拉 OK、迪斯科和蹦迪、健身、泡吧、收藏、旅游、探险

资料来源：根据刘新平所著《休闲中国》中的内容改编、汇总。

中，中国经历的时间、运动、战争在历史上是罕见的。然而社会动荡并没有抑制城市人的休闲生活；相反，它表现得更为繁盛。像京剧，1913年梅兰芳首次到上海演出便风靡了整个江南，其火爆场面不亚于今天的演唱会现场。同时，休闲形成多个热点（如表 2—1 所示），而且出现一些较为高雅的休闲方式，如集邮等。从 1946—1966 年的 17 年中，吸毒、赌博、妓院、舞女等旧时代的休闲形式被坚决取缔；旧式戏院、茶馆、游乐场也被仔细清理。在这阶段，人们忙于重建家园，闲暇时间很少，因此休闲生活也非常简单，但每一样都充满了较为健康的气息。"文化大革命"十年这段特殊的历史中，戏（样板）、歌（语录）、舞（忠字）失去了其本身的性质，而以"政治任务"的面貌来为人们留下些苦涩的欢乐。然而，消除劳动疲劳的休闲毕竟是必需的，人生的精神生活也不能长期一片空白，政治更不可能遏制人们渴望愉悦的天性。20世纪最后的 20 多年里，改革开放在人们面前展现了一个越来越精彩的世界。高压后骤然放松，人们最需要的是释放和宣泄。这一切使娱乐休闲堂而皇之地成为这个时代响亮的、多彩的主题。卡拉 OK 率先成为 80年代末中国真正的流行娱乐；摇滚是当时前卫青年们追求的潮流；迪斯科和蹦迪一度取代华尔兹和探戈，成为各舞厅的"统治者"；健身则历经了从"伸腿弯腰"到家庭器械健身，再到健身房健身的发展过程。20 世纪 90 年代以后，中国人的精神生活由过去"单调乏味"向"丰富多彩"转变。中国家庭开始拥有休闲设备，例如电视机、电冰箱、洗衣机、收录机、照相机、摩托车等，近几年则以拥有空调器、影碟机、摄像机、组合音响、手机、电脑、小汽车等现代化设备为时尚。在休闲设备不断发展的同时，新的休闲活动也不断涌现。文化使在愈发工业化、机器化的现实中无法生存与释放的人的情怀得以喘息和滋养；原本一枝独秀的集邮衍生成包罗万象的收藏；体育已成为亿万群众增强体质的经常性活动；旅游成为人们最大众、最向往的休闲方式。例如，青年人趋之若鹜的探险旅游，放松身心的自然、农家游，人们需要在出游的过程中收获在城市生活中难以寻找的感动。此外，全国文化事业蓬勃发展，各种艺术表演团体、场所、图书馆、博物馆、文化馆站遍布全国，广播、电视覆盖率已达 93% 和 94%，现代歌舞厅、各类新兴的游艺场所，满足了不同层次居民的文化需求。回顾中国近现代休闲活动的发展，我们发现在改革开放之前，休闲娱乐以"群体化"为主，个性被极大地湮没于"众性"中；改革开放之后，休闲娱乐的侧重点则发生了变化，休息方式趋于个人化、个性化。无论是卡拉 OK，还是迪斯科和蹦迪；无论是激烈的健身，还是舒缓的泡吧；无论是通俗的电视，还是高雅的收藏；无论是轻松的旅游，还是惊险的探险，它们都更侧重于发挥个性、实现自我。个人无须从群体中争取那有限的满足，只要你愿意，随时随地都能以自娱达到休闲的目的。社会经济的发展使人们有了更多的闲暇，为人们带来了全新的休闲方式和休闲观念，中国人已经开始把休闲本身看成一种目的，而不是从属于工作；把休闲当成主要的生活乐趣，从休闲活动中得到满足、感到舒适。

二 现阶段中国休闲旅游发展概况

一方面，中国国民经济经过 30 多年来快速稳定发展，人们的可支配收入在不断增加，东部沿海地区的长三角、珠三角以及环渤海地区的大部分城市，人均 GDP 已步入 5000—7000 美元的发展阶段，其中上海、北京和深圳等大城市更是跨入了 8000—10000 美元的发展阶段，持续稳定发展的经济环境为社会休闲创造了必要的物质条件；另一方面，随着 1995 年双休日制度和 1999 年长假制度的实施，中国城市居民全年休假时间长度已经占全年时间的 1/3 以上，这使得人们可用于旅游和休闲的时间日益增加。"休闲旅游"在各地大力发展假日经济背景下逐步走入人们的视野。以上海、杭州及苏州为代表的长三角地区和以深圳、广州为代表的珠三角地区在整体上也开始展开了走向休闲时代的发展进程。

这里所谈论的中国休闲时代的发展问题，离不开当前中国的具体国情这一时代背景，不能与发达国家即将进入的较高阶段的休闲时代相提并论。也就是说，在层次上我们的休闲时代还属于较低的初级阶段，在特征上与中国当前的社会经济发展阶段紧密相连，在地域结构上还主要局限于中国东部沿海较发达地区或内陆的部分大中城市。

实际上，中国的休闲度假旅游源流可追溯至改革开放之后国家批准的风景名胜区的度假疗养，但是那时休闲旅游往往和度假旅游融为一体，而休闲旅游也往往被单一化为休闲度假旅游。由于人们对"休闲"以及"休闲旅游"等概念还没有形成基本认识，故带有度假疗养性质的休闲旅游产品成为只属于小部分社会阶层的高端旅游产品，并未特别流行开来。经过近30年的旅游发展，特别是自2005年以来，旅游市场发展越来越完善，人们的旅游消费理念也越来越理性，赶鸭式的观光旅游再也难以满足人民群众日趋丰富的旅游需求，旅游发展的基本矛盾已经演化为人民群众持续增长且不断变化的旅游休闲需求与相对滞后的旅游生产力之间的矛盾。学者们也纷纷指出以"休闲为主要目的"的休闲旅游将明显区别于传统旅游，它将是中国旅游发展的必然趋势，也是解决当前中国旅游业发展瓶颈的重要途径。正是由于中国当前旅游业的发展模式与国内已经形成的国民旅游市场状态之间的"倒挂"矛盾促使各地纷纷探究发展休闲旅游的新路径。

近几年，中国休闲旅游发展的范围逐渐拓宽，针对某个城市和乡村的休闲旅游产品设计逐渐体系化、多样化，而且国内很多城市都将休闲旅游发展和城市规划相结合，一方面充分发挥休闲旅游新经济增长点的优势，另一方面将发展休闲旅游作为提高城市知名度和城市吸引力的重要手段。因此，很多城市的中央游憩区、环城游憩带以及农（渔）村地区的"农（渔）家乐"休闲旅游发展极为迅速。很多城市甚至将建设休闲城市、休闲之都作为自己的城市发展战略。杭州成为休闲之都建设的典范，成都的农家乐休闲旅游发展正在转型升级，成为乡村休闲旅游发展的典型代表。

随着休闲旅游的发展，休闲功能逐渐渗透进城乡发展的各个领域，休闲旅游成为许多企业、产业多元发展的首选，加速了一、二、三产业的融合。休闲旅游产业的发展和休闲相关产业（制造业、服装业、农业、城市建设、房地产业）的繁荣，也使得休闲旅游在中国旅游业中所担当的角色越来越重要，休闲旅游发展的空间越来越广阔，但同时面于理论研究的落后、政策实施的差距以及意识、设施、环境等的一系列限制，休闲旅游还将处在一个较长的培育阶段。结合不同地区的经济、文化、交通、区位、市场等有利条件，拓宽休闲旅游的产业链条，完善休闲功能，大力发展休闲旅游，是提升中国旅游产业整体竞争力的要求，也是旅游业发展的必然趋势。

当前，中国正处在从观光旅游向休闲旅游和休闲度假旅游大规模发展的阶段，尽管包括杭州、成都、大连、昆明、青岛在内的诸多城市都对发展休闲旅游进行了多种有益的尝试，并取得了丰硕的成果，但我们依然能在各个城市的休闲旅游发展实践中发现诸如产品结构失调、休闲设施落后、休闲意识薄弱等问题。胡英清（2008）认为："与国际休闲旅游水平相比，在数量、规模、档次和内涵上还存在较大差距。主要体现为：雷同产品导致近似的目标市场，单一小规模经营，并形成恶性价格竞争，休闲度假旅游产品无特色、内容与内涵枯泛、价高质低、缺少休闲元素和文化内涵，缺乏个性和创新，休闲旅游产品的多样性、普及性、品位性还没有普及到所有老百姓。"实际上，这些问题在目前中国绝大多数旅游地都普遍存在，进一步细究这些问题，我们会发现这些还都是中国各地在发展休闲旅游过程中所出现的种种"表象问题"，导致这些"表象问题"的根源在于从发展休闲旅游伊始到现如今我们仍无法清楚地回答"什么是休闲"和"如何发展休闲旅游"这两大根本问题。因此，在这一过渡阶段中，包括宁波在内的每个地区都应当把"积极探索适合于自身条件的休闲旅游发展道路"问题作为旅游政界、业界和学界都密切关注和悉心研究的重要问题。

胡英清在研究中也指出休闲旅游在中国虽然起步较晚，但是发展很快，近年来呈现出国内化、家庭化、多元化、郊区化和高品位化发展态势。这些发展态势与中国旅游业发展的阶段性需求特点基本吻合，随着产业融合的发展以及城乡二元结构的破解，中国的休闲旅游将带有多元融合倾向，并在经济结构调整和转型中发挥重要作用。

第四节　国内休闲旅游城市发展经验总结

一　杭州

杭州作为我国"七大古都"之一，有着优秀的休闲历史传统和各具特色的休闲资源，自吴越、南宋开始，杭州就以富庶华贵、休闲安逸著称于世。杭州经济为资源主导型的增长模式，土地资源具有稀缺性，旅游资源丰富多彩，但这种资源依托型的增长模式却使得杭州的发展陷入了两难境地。拥有著名遗产"西湖"，这既是使它从众多城市中脱颖而出的历史性资源，也是附加给杭州经济发展的制度限制。目前杭州的发展已陷入"囚徒困境"，一方面，厚重历史渊源和丰富的旅游资源，给杭州的发展打上了"文化杭州"和"旅游杭州"的烙印，从而间接限制了工业的发展；另一方面，工业的持续存在和扩大又肢解了杭州的历史形象，耗散了杭州的旅游资源，打造"东方休闲之都"成为杭州走出此"囚徒困境"的一种新尝试。

随着 2006 年杭州成功举办世界休闲博览会，杭州市政府开始精心打造"东方休闲之都"品牌，与休闲产业密切相关的旅游业开始从传统的"观光旅游"发展为集"观光＋休闲＋会展"为一体的多元化发展格局，杭州开始以旅游产业转型升级为核心，以特色潜力行业为突破，全面启动休闲城市建设工程，加快国际休闲旅游中心的建设步伐。

经过近五年的努力，杭州在休闲城市建设和休闲旅游发展上取得了显著成就，总结其中最主要的发展经验有以下几条：

1. 统一目标，重视规划。杭州把休闲城市建设和休闲旅游发展以及民生发展有机结合在一起，形成了统一的发展目标。在"大旅游、大市场、大产业"的要求下，从 2007 年开始着手编制、修订了包括《杭州市休闲基地总体规划》在内的多项规划，通过规划来明确思路，实现招商引资和项目对接，努力营造出休闲产业的良好环境。

2. 注重公共休闲空间建设，营造城市休闲环境。杭州以城市公园、城市广场和休闲步行街为主体，不断挖掘城市公园的人文内涵，凸显城市广场的休闲功能，做好步行街的特色凝练，从而使杭州城市面貌有了较大的提升。

3. 以休闲基地为平台，建设休闲项目。杭州重点发展六大国际综合型休闲基地和十大特色型休闲基地，通过基地内聚、拓展、辐射作用来推动杭州休闲建设的整体发展。

4. 以"潜力行业"为突破，提升休闲产业。杭州借助培育发展十大特色潜力产业来包装、策划城市休闲产品，逐步形成了"政府引导、协会组织、企业参与、市场运作"的发展机制，有效提升了城市休闲产业的发展水平。

杭州休闲城市的建设经历了起步、发展、创新的不同阶段。在此过程中，科学合理的休闲总体规划明确了杭州休闲城市建设的发展目标和思路；城市广场、城市公园、休闲步行街等城市公共休闲空间的建设营造了良好的城市休闲环境；杭州"十大休闲基地"将以"中心辐射、轴线扩展、优化组合、特色互补"的原则，积极推进休闲项目的全面建设；通过挖掘"杭州十大特色潜力行业"与休闲的内在经济联系和结合点，充分调动相关行业部门共同发展休闲的积极性与创造性，把发展休闲旅游与发展区域经济结合起来，通过依托、挖掘、整合、联动相关产业，从纵向和横向培育休闲产业链，优化产业结构，全面推进休闲城市的建设。

二　北京

北京作为中国的首都，在经济社会发展的各个方面都起到了示范带头作用，在休闲产业的发展上，一方面利用自己身为政治中心和文化中心的得天独厚的优势发展传统优势项目；另一方面积极开拓城市周边区域休闲游憩功能，构建环城游憩带，走郊区休闲的特色道路，不断开发新的休闲项目，形成了自己的区域特色。政府对休闲产业的发展也给予了大力支持，并制定了相关的优惠政策，积累了不少的经验。

北京之所以大力发展郊区休闲，是在为了保护首都的水源和大气不受污染，陆续关闭周边山区矿山开采的限制下，山区农民走出的一条替代矿山的生态友好型可持续发展循环经济的新道路。这是一种集生态治理、新农村建设、种植养殖业、民俗旅游业、观光农业发展为一体的山区区域经济发展新模式，目前被人们称为"沟域经济"。"沟域经济"其中一部分内容是把休闲产业植入到第一产业中，将生态治理、新农村建设、种植养殖业与民俗旅游业、观光农业发展结合为一体的山区区域经济发展模式。这种模式不仅重塑了生态平衡，而且为农民找到了一条可持续发展循环经济的道路，增加了农民的收入，也丰富了休闲产业的内容，为市民提供了更多的休闲活动，起到了一举多得的作用。

目前，北京"沟域经济"发展模式主要有五种类型：文化创意先导模式、特色产业主导模式、龙头景区带头模式、自然风光旅游模式和民俗文化展示模式。各种模式所涉及的内容均与休闲产业挂钩，基本上是依托当地的自然、历史、文化资源、特色支柱产业，或者是以当地的景区、自然风光、民俗文化为龙头开展的山区经济。因此，我们可以发现沟域经济的核心就在于发展郊区休闲产业，通过大力发展以休闲农业、民俗休闲旅游和休闲度假村为代表的休闲旅游产业来全方位带动区域经济的综合发展。

三 上海

上海在发展城市休闲时，特别注重满足本地居民的日常休闲娱乐需要和外来游客的旅游观光与休闲度假需求，并根据满足对象的变化对休闲服务设施进行重点配置。

从 1997 年开始，上海就开始不断向纵深方向拓展城市休闲功能，第一是集商业、娱乐和文化各要素于一体的综合性、主体化的休闲活动街区替代了原先功能相对单一的传统商业街区；第二是增加各种城市公共休闲服务设施，通过兴建、扩建一大批具有国际水准的休闲文化场馆来完善城市休闲功能；第三是不断增加城市和街道的公共绿化面积来优化户外休闲活动空间环境。

和其他城市相比，上海休闲旅游资源条件并非得天独厚，结合海派文化的特点，在上海城市休闲的发展过程中，逐步形成了比较完整的休闲娱乐区布局体系。从层次上来看，依次为中央娱乐区、次级休闲娱乐区、社区娱乐区；从总体上来看，上海中央娱乐区和次级娱乐区在城市休闲功能上互补，在休闲娱乐市场上互靠，在产业结构上互动，共同构成了一个以中央娱乐区为核心，以次级娱乐区为骨架，以社区娱乐区为基层，既在市场消费层面上相互衔接，又在空间层面上向四周梯度延伸的城市娱乐区空间布局结构。

世博会的成功举办使得上海城市休闲旅游的核心主题进一步凸显，世博会场馆及其展示活动、文化演出和创意产品的演绎与开发都将推动上海城市休闲产品的创新升级，迪斯尼乐园项目落户上海也将极大地提高上海城市休闲旅游的核心竞争力。

四 成都

成都正在着力打造中国的"休闲之都"。成都发展休闲产业的最大成功经验就是用休闲文化引领休闲产业发展。成都作为首批中国最佳休闲旅游城市之一，在三大方面拥有得天独厚的优势：第一，拥有丰厚的文化底蕴；第二，拥有非常良好的自然环境，气候温润，山川秀美，物产丰富，适宜人居；第三，就是生活在这里的人们，由于自然环境和人文积淀的浸润和熏陶，形成了一个集体无意识的对"劳""闲"关系的深刻理解，形成了一个以休闲为主要特色的生活方式。正是因为拥有这三大优势，成都发散着一种无论是本地居民还是外地游客都能切身感受到的"休闲气质"。马惠娣曾说："成都的休闲气质是历史文化的积淀和大自然的偏爱，将休闲文化转变成产业，进而推动产业的发展，不仅可以推动经济发展，还能推动社会进步；发展休闲产业，是让经济发展、让人与自然的和谐贯穿到可持续发展中来。"

正是因为有了这种浓郁的休闲文化氛围，"农家乐"在成都应运而生也就不足为奇了。1986 年在成都市郫县农科村诞生了第一家农家乐"徐家大院"，后来该村数十家农户开创了独具特色的农家乐旅游模式，农科村也由此成为中国"农家乐"的发源地。以"吃农家饭、品农家菜、住农家屋、干农家活、享农家乐、购农家品"为主要特征的"农家乐"旅游是在主动与休闲市场对接的基础上发展起来的。

"农家乐"集群发展是乡村休闲旅游迅速覆盖全国的主要原因，具体表现为村落型的发展态势。集群发展既是"农家乐"专业合作组织生成和发展的促进因素，也是"农家乐"专业合作组织获取规模经济收益的产业基础。

从依靠传统农业发展到生态休闲旅游业的全面振兴，农业与休闲产业的有机结合焕发出了夺目的光彩。2003 年，根据成都市委、市政府提出的统筹城乡的发展要求，结合地域优势设计了"政府主导、集体运作、农户参与"的农家乐旅游发展模式，并由成都市财政与区一级财政共同出资 1.2 亿元对发展农家乐村庄的乡村道路进行了硬化，同时进行了房屋改造，全面完善了道路、管网、通讯、水电气等乡村旅游发展的基础和配套设施。

被誉为"五朵金花"的成都市三圣乡农家乐最初源于一家一户的分散经营，开发伊始就以其独特的设计理念、差异的旅游特色和优良的生态环境吸引了接踵而至的休闲旅游者。在政府的主导下，上百家"农家乐"组合起来形成了融休闲度假、观光旅游、餐饮娱乐以及商务会议于一体的大型生态休闲空间，通过景观化打造，大力发展观光农业、走休闲经济道路的"五朵金花"顿时闻名天下，成为成都休闲农业发展的一张新名片。

成都市在由传统农业向休闲旅游产业、传统农村向社会主义新农村的发展过程中，实行了以文化提升产业内涵、以生态支撑农业发展、以品牌塑造旅游形象，以旅游带动农民增收的路径模式，不但使"五朵金花"的知名度不断提高，逐步走向世界，而且开辟了乡村休闲旅游的新天地。

无论是杭州的"大产业，大休闲"做法还是北京的郊区休闲，沟域经济的选择，抑或是上海公共文化休闲产品的开发和成都休闲文化创意产业的发展都告诉我们一个朴素而又深刻的道理，即每一个休闲旅游城市的发展都离不开其独特的发展背景和资源条件，只有选择适合自身特点的发展模式才能走出成功的休闲旅游发展道路。

第三章 宁波休闲旅游发展的道路选择

在经历了二十多年旅游业高速发展的背景下，宁波如果想继续在当今社会休闲生活蓬勃发展的前提下引领潮流，就需要把握客源市场的新需求，创新性开发市场需要的新产品，聚合旅游产业中的新业态，探究休闲旅游发展新模式。宁波的答案是建设休闲旅游基地，构建一套可操作、能量化标准来推动休闲旅游的全面发展。本章在全面总结宁波旅游发展的前提下，提出了建设休闲旅游基地是宁波全面实现旅游业转型升级的重要引擎，并回答了休闲旅游基地的一系列问题：什么是休闲旅游基地？它与常规的旅游景区（点）有何区别？休闲旅游基地的理论支持是什么？宁波为什么要建设休闲旅游基地？它的特色和作用体现在何处？

第一节 建设休闲旅游基地成为必然选择

一 宁波旅游发展的现实基础

在过去的二十多年里，宁波旅游实现了持续高速发展。在这一过程中有两个关键的转折点：一个是 1998 年创建"优秀旅游城市"；另一个是 2005 年建成"旅游大市"。随着这两个阶段性发展目标的实现，宁波市旅游经济也实现了从无到有，从有到大的新跨越。

"十一五"时期是宁波市旅游业高速发展、提质增效的转型升级期，宁波市接待国内外旅游者从 2005 年的 2395.83 万人次增加到 2010年的 4719.17 万人次；旅游总收入从 2005 年的 258.2 亿元增加到 2010年的 650.8 亿元，主要指标的年均增幅达到 15% 以上，高于全国、全省平均水平，综合实力位居浙江省第二，在全国 15 个副省级城市中排第五位。2010 年，宁波市旅游业增加值占宁波市 GDP 比重达到 5%，占服务业增加值比重达到 12%，旅游业在第三产业中的主导地位日益明显，已经成为宁波市现代服务业的支柱产业。旅游产业发展水平进一步提升，旅游产品体系不断丰富，景区景点、旅游交通、餐饮住宿、商贸购物、文化娱乐各大产业要素全面发展、不断升级，基本形成了覆盖全市的现代旅游产业要素服务体系；"一核、一廊、两翼"的旅游空间格局进一步优化，旅游目的地功能体系基本形成；营销成效进一步显现，节事活动亮点突出，游客满意度位居全国前列；社会贡献进一步增强，旅游业全面融入宁波市国民经济和社会发展大局。

与此同时，宁波旅游生产力发展仍滞后于持续增长、不断变化的旅游消费需求。宁波旅游业还面临诸如旅游产品服务体系不完善，旅游企业综合实力不明显，市场主体在资源配置中的作用不强，旅游产业融合水平较低，旅游发展要素制约性较明显等问题的困扰。

毫无疑问，宁波作为长三角南翼的经济中心和旅游中心，旅游业经过三十多年的发展，已经走到了一个新的历史阶段。在"十二五"这个新阶段里，如果想要继续在当今社会休闲生活蓬勃发展的前提下引领潮流，就需要把握客源市场的新需求，创新性开发市场所需要的新产品，聚合旅游产业中的新业态，探究休闲旅游发展新模式，宁波需要有引领旅游产业新发展的新思路和新方法，助推形成休闲旅游发展的新环境，从而为宁波发展真正意义上的休闲旅游奠定基础。以休闲为主体的全新的大旅游业要超越现有的单一以观光旅游为主的旅游思维定式，强化相关产业经营的独立性，扩展旅游产品的外延，增加升值环节。通过市场化经营实现休闲旅游资源的区位优势互补和产业间及地区间优化配置，实现多极增长，推动宁波休闲旅游业向深层次、高效率方向发展，并使休闲旅游发展方向与国际趋势并轨。

二 休闲旅游基地的产生背景

中国国家领导人在近几年的讲话和工作部署中都明确指出："要把推动服务业发展作为产业结构优化升级的战略重点，把发展服务业与扩大城乡居民消费有机结合起来，与扩大就业紧密结合起来，使服务业发展迈上一个新台阶。"全国开展的服务业综合改革试点工作为旅游业的发展创造了重要机遇。

中国正处于建设世界旅游强国的重要时期，旅游业在国民经济中的地位不断提升，围绕国务院提出的"把旅游业培育成国民经济的战略性支柱产业和让人民群众更加满意的现代服务业"两大战略目标，全国旅游业只有积极推动实现产业化、市场化、国际化和现代化发展，旅游业在国民经济中的地位才能得到不断提升。

随着中国人均 GDP 和人均消费水平的持续增长，居民消费结构正发生着重大变化，中国旅游业将全面进入大众化发展阶段，特别在东部沿海地区，随着城市化进程的加快、高速交通体系的完善、信息化在旅游业中的普及应用，自由行、自助游、自驾游、特种游和城郊、城际短期休闲将成为城镇居民的主要旅游方式，持续发展变化的市场刚性需求将对各主要旅游目的地的升级转型带来重大影响。

2008 年，宁波市委、市政府出台了《今后五年宁波市服务业跨越式发展行动纲要》，将休闲旅游业确定为支柱产业之一，并以"现代服务业产业基地建设"为主要载体，出台标准和鼓励政策，加快发展现代服务业。未来五年，宁波市产业经济发展的趋势将集中体现在发展现代服务业的中心工作上。

结合长三角区域旅游发展的新形势，宁波市旅游局提出的"打造长三角最佳休闲旅游目的地"的新的阶段性发展目标，既是继承上一阶段宁波旅游业转型发展的现实选择，也是进一步指导宁波市旅游实现"从大到优"转化的必然要求。对宁波而言，是否能实现"长三角最佳休闲旅游目的地"的发展目标，关键在于宁波是否能够面向目标市场和本地居民提供一大批有特色、有新意的休闲旅游产品，能否推出一批重点区块和重大项目作为支撑，促进宁波市休闲旅游业向更加专业化、产业化、规模化和体系化的方向发展。在新的发展阶段的背景下，我们自觉地将休闲旅游的发展纳入全市服务业发展大局，列为旅游主管部门的重点工作，围绕中心工作开展创造性工作。

从观光旅游到休闲旅游的转变，从小旅游到大休闲的提升，并不是简单地将原有的产品改头换面、换个说法便可以解决的小问题，这实际上涉及了一个旅游城市在发展理念和发展方式上的全面提升。

用市场化、社会化的发展思路，保障民众休闲权利的享有和实现，把以人为本和全面发展结合起来，提升人的素质和幸福感。保障人民群众共享改革发展成果的权利。以现有的资源条件为基础，积极开发承载量大、社会效益好的休闲旅游产品体系，科学引导合理发展全民、全面多层次休闲旅游，使旅游休闲成为人民群众日常的生活方式和健康的消费行为，将旅游业作为提升人的思想道德素质、陶冶情操的重要途径，使广大国民增长见识、开阔视野、陶冶情操、愉悦身心、促进健康、增进友谊、提高综合素质和人生幸福指数，使旅游业成为有利于社会和谐的民生产业，成为人们喜爱的时尚行业和快乐产业。因此，宁波的休闲旅游目的地建设就体现为"休闲旅游基地"的建设，并将之作为宁波"打造长三角休闲旅游目的地"的核心支撑。

在此基础之上，我们提出了在宁波创建"休闲旅游基地"的想法。以"休闲旅游基地"作为"建设长三角重要的旅游目的地"目标实现的出发点和落脚点，积极推进休闲旅游的产业化进程，培育核心企业，引导产业集聚，壮大经济实力。

第二节 休闲旅游基地的概念

"休闲旅游基地"是一个全新概念，它是指以旅游景区、度假区和其他具备旅游接待功能的区块为依托，主题特色鲜明、产品类型多样、产业要素集聚、休闲功能突出、服务设施完善、管理机构健全，具有一定规模、综合经济效益及市场影响力的各类休闲旅游目的地。

一 休闲旅游基地的内涵

休闲旅游基地的实质应该是以高等级景区、旅游度假区为核心，产品多元、产业集聚、功能复合，以休闲度假为主要特色的旅游目的地。基地必须要以成熟的旅游产品为依托，在目前宁波旅游业发展的状况下，景区，特别是已经具备一定市场品牌的高等级景区，理所当然是基地的核心构成。

首先，从范围上讲，休闲旅游基地应该大于等于一个较大规模的4A级景区。它不仅拥有一定数量和品质的休闲旅游资源，还要具备一定量的公共空间，并且能够容纳一定量的公共服务设施和功能性设施。只有拥有了一定的空间范围以及相应的活动设施，游客才有可能停下来、住下来。通过专题调研和实地考察，可以发现，对于以山水景观为主的休闲旅游基地，一般考虑在10平方公里以上；对于位于城区或以文化景观为主的，一般考虑不低于2平方公里。有些一线工作者提出

"景区＋周边"的模式，就是对休闲旅游基地的一种很直观的理解，但休闲旅游基地不仅是简单的"1＋1"，还存在相互补充和功能联动的关系。

其次，从产品类型上讲，休闲旅游基地应该以观光游览为基础，以休闲度假为主导，鼓励发展新业态。宁波市目前大多数比较成熟的旅游景区和所提供的产品还局限于山水和文化景观的观光游览，休闲特征鲜明、参与性强的活动并不丰富，度假设施也比较单一。即使在宁波已通过评定的4A级旅游景区里，真正具有休闲度假功能的景区数量也不多，以接待过夜游客为主的更是少之又少，与目前日益增长的休闲旅游需求不相符合。提出建设休闲旅游基地的初衷就是针对日益膨胀的休闲度假市场，打造功能强大的目的地系统，在保持每个景区良性发展的前提下，立足当前，着眼转型，进一步丰富业态，完善功能，提升服务，充分发挥景区的带动作用。

再次，从产业发展的要求来讲，休闲旅游基地应该是一个休闲旅游产业及相关要素的空间集聚。直观地讲，就是在这个既定的空间范围内应该具备一定数量的旅游及相关企业。比如，景区是一个企业，酒店或度假村是一个企业，还包括旅行社、餐饮、娱乐、购物等经营企业，以及旅游商品、旅游用品的制造企业，甚至还包括相关农副产品的加工企业。这些企业必须以一个龙头企业为核心来组织和运营，形成产业链，产生规模效应，这样才能称之为产业基地。从这个角度来看，仅有一家景区开发或管理公司是明显不够的，尽管像溪口集团、雅戈尔集团这样实力雄厚的大型企业集团，能够操作一些商业地块的开发和运作，但大多数景区公司的能力还是比较弱的。在这种情况下，一方面需要推进一批中小企业集聚发展，产生规模效应；另一方面还要培育和引进几家综合实力强的企业集团。推进企业集聚发展或集团化发展，也是休闲旅游基地建设的一项重要任务。

最后，从休闲旅游基地的功能来讲，休闲旅游基地应该在生态、经济、社会方面做到统筹兼顾、和谐发展。理想的基地应该能够发挥多种层面的功效：从产业层面看，它要促进产业要素的整合，形成规模效应；从资源层面看，它要实现土地资源的节约和集约利用，以及对休闲旅游资源的深度利用；从环境层面看，它要促进环境协调，实现环保设施共建共享；从社会发展层面看，它要拉升当地经济、扩大就业、增加收入、弘扬特色文化、推进社区文明等。要实现这么多的功能，单靠一个景区单打独斗是远远不够的，需要当地基层政府乃至县（市）、区政府出面协调、整合，休闲旅游基地建设工作无疑就提供了一个整合的平台。

从资源调查结果来看，有三类资源是比较容易发展成为休闲旅游基地的。一类是体量较大并且已经拥有一定住宿接待能力的4A级景区（也包括正在创建中的）；一类是具有相当规模的度假区；还有一类就是旅游功能比较突出的旅游城镇。这三类资源本身就具备了很好的基础，它们的主要工作应该是查漏补缺、完善提升，而且还要因地制宜、量力而为，坚决杜绝盲目扩张和重复建设。当然，也不排斥其他类型的资源通过突破常规的规划和建设成为新型的休闲旅游基地。

二　休闲旅游基地的观念

一是在旅游资源观上，除自然、人文旅游资源外，商贸餐饮、宾馆酒店等服务设施，以及工矿农村、社区学校等社会资源也可以成为休闲旅游资源；休闲旅游资源不仅存在于有形的游憩项目或实体物质层面（滑雪、温泉等项目）上，还体现于能产生休闲心理、休闲体验等精神层面的无形的活动或资源内容（乡村生活、文化氛围、志愿服务等）。从旅游发展角度看，新城建设与旧城提升就是整合旅游资源、提供休闲服务、打造旅游目的地。

二是在旅游市场观上，在继续发展传统的国内、入境、出境市场的基础上，要更加重视本地城市居民、外来商务者和投资者的休闲需求及休闲行为方式。一份统计资料表明，浙江省10%左右的出游由旅行社组织，16%左右的出游由单位组织，73%的是家庭朋友式的散客出游。为此，要重点拓展以本地及周边地区居民为主体的大众休闲市场、以大企业（单位）为重点的奖励旅游市场、以长三角为主体的商务休闲市场。

三是在空间布局观上，要从单一的、封闭式的旅游景区的"点"状格局，向休闲街区、度假住区、慢行空间、公共服务空间等多类型、开放式的空间格局转变。从目前的成功实践来看，一般是以数个旅游景区或旅游城镇（区块）为基础或核心区，布局建设重大休闲旅游项目，集聚旅游餐饮、休闲购物、特色街区、酒店集群，配套自行车道系统、城市慢行系统、城市公园系统、散客咨询服务系统、旅游集散系统等公共休闲服务设施，打造旅游产业集聚区或城市综合体，形成较大空间规模的休闲旅游目的地。

四是在旅游产品观上，在原有的观光旅游产品体系基础上，着力构建休闲旅游产品体系，重点发展依托江河湖海资源的滨水休闲产品，登山、户外运动等山地休闲产品，美食、茶楼、文化演艺、康体疗养等都市休闲产品，田野风光、农事采摘、古村落、现代农业园区等乡村休闲产品。加速培育运动休闲、文化休闲、康体休闲、乡村休闲、都市休闲、节事休闲等休闲产业集群。

五是在旅游产业观上，与旅游的资源属性、市场结构、空间结构和产业体系所发生的根本性变化相适应，现代旅游产业的内涵和运营模式也发生了一系列重大转变。一方面，现代旅游业的领域和范围极大地拓展，旅游接待业从单一旅游酒店向精品酒店、主题酒店、民宿客栈、经济型酒店、度假村等扩展；旅游中介业由单一的旅行社组团向俱乐部、车友会、媒体、4S店、网络机构、社团组织等各类中介服务机构并存发展；旅游吸引物从单一的封闭式旅游景区向特色街区、休闲社区、度假住区、城市综合体、慢行系统等公共空间扩展；旅游服务管理在导游、住宿和旅游咨询投诉服务的基础上，构建了城市的散客服务系统、旅游集散网络、标识导引系统、旅游信息服务、服务标准化、紧急救援系统等公共服务基础设施与服务平台。另一方面，现代旅游业融合于三次产业领域，是集观光、休闲、度假为一体的复合发展模式。休闲产业包括了休闲一产（休闲农业、休闲渔业等）、休闲二产（休闲物品、器械生产、休闲场所与建筑）、休闲三产（观光旅游、体育旅游、文化休闲等）。

六是在政府主导观上，鉴于现代旅游业的战略性、全局性意义和综合性产业性质，政府主导旅游发展战略的内容与重心也随之调整和深化。一是现代旅游业的总体定位和发展目标要与城市整体发展战略相融合。杭州就是以建设"东方休闲之都、生活品质之城"来统领城市发展的。二是现代旅游业发展的业态与城市空间形态要相互结合，需要结合城市规划来引领并落实现代服务产业集聚区的形成，加速培育特色旅游产业群。三是要加强公共服务设施和服务平台建设，形成完善的旅游目的地综合服务功能。四是提供公共政策支持，在组织、领导、资金、人才、体制等方面提供保障。

第三节 宁波建设休闲旅游基地的特色与意义

一 宁波建设休闲旅游基地的特色

单纯从字面上理解宁波的"休闲旅游基地"的话，它或许与一般的"旅游景区"和"旅游目的地"并未形成实质性的差异，甚至这些"休闲旅游基地"还要依托于旅游景区来进一步发展。从我们设计者的角度来看，休闲旅游基地本身具有一些后两者所没有的特殊性，也正是这些特殊性使宁波休闲旅游发展模式或者称之为发展路径与其他兄弟城市相比呈现出不同的面貌。

首先，从产业层面来看，宁波推行的"休闲旅游基地"注重的是在一定区块内实现休闲产业要素的集聚效应，它强调的是对休闲产业要素的整合和规模提升；而传统的旅游景区或旅游目的地在所涉及的产业关联度方面远逊于休闲产业，这就为休闲旅游基地在不同类型区域上进行推广奠定了良好的基础。

其次，从资源层面来看，休闲资源所涉及范畴无论在广度还是深度上都强于旅游资源，建设休闲旅游基地也要重视资源，但作为基地，它强调的是对休闲功能性资源，尤其是土地资源的节约和集约利用，休闲旅游基地的认定就可以打破常规意义上旅游景区和旅游目的地的限制，具有更加广阔的社会空间。

再次，从环境层面来看，建设休闲旅游基地强调的是生态环境与人工环境的协调，以及环保设施的共建共享，由于依托原有区块的资源条件，在基地的开发建设中注重环保和公共空间绿化，这体现了现代社会和谐发展的要求，而普通的景区和旅游目的地建设并无相应的强制性标准。

最后，从社会发展层面看，基地建设强调对当地经济的贡献，兴农作用进一步凸显，新型旅游业态和中小旅游企业蓬勃发展，旅游就业岗位的层次与种类更加丰富，旅游就业功能进一步释放，这使得旅游事业成为真正意义上弘扬特色文化、推进社会和谐的民生事业。

二　宁波建设休闲旅游基地的意义

（一）　彰显民生关怀

在经济发展的基础上，通过扩大公共服务着力保障和改善民生，是中国共产党"十七大"提出的新要求。科学发展观的核心是以人为本，实施民生工程，体现了以人为本的根本要求。建设休闲旅游基地，有利于整合各种资源，实现功能上的互补，实现价值的全面提升，而由价值整合对所在区域产生的辐射作用，将会带动资本流、物流的增量，从而有利于促进就业，维护社会稳定，有利于环境保护，促进资源集约利用，有利于构建和谐社会，彰显民生关怀。

（二）　助推企业发展

以建设休闲旅游基地为平台，有利于旅游产业的集聚发展，是旅游企业适应新一轮竞争的迫切需要。在观光旅游向休闲旅游的转变过程中，原先的竞争优势不复存在，只有形成新的竞争力才能在激烈的市场环境中生存和脱颖而出。建设休闲旅游基地一方面可以形成优势互补和优势强化的态势，不但可以降低单个企业成本，而且能增强区域吸引力，提高企业收入，甚至成为旅游企业适应新一轮竞争的核心要素。另一方面，随着旅游产业集群的形成，集群内部的竞争逐渐增强。竞争的氛围会促使企业提升核心竞争力，在优胜劣汰的过程中，将会崛起一批旅游业的龙头企业，它们将带动其他旅游企业的发展，从而提升宁波市旅游企业的整体水平和实力。

（三）　促进产业转型

在一批基地的带动下，休闲旅游产品在数量、质量和类型上将会有大的突破，适应人们休闲需求的深层次、多样化需求，新兴的休闲旅游产品将逐渐占据主导地位。市场的反应将会刺激传统旅游的快速转型，催生新业态的出现，诞生一批有宁波特色的休闲旅游产品，从而实现整个旅游产业的转型。

（四）　推动区域经济

由于休闲旅游对目的地的影响程度远远超过了传统的观光旅游，休闲旅游经济的放大效应就显现出来，对经济效益的提升具有显著意义。休闲旅游基地的打造涉及旅游业、娱乐业、服务业和文化产业等多个相关产业，构成了更长的产业链条，不同环节产业之间的关系更为紧密，结构更为合理；并可以通过休闲旅游基地的打造，促进现代服务业的发展，进而推动区域经济发展，促进充分就业，增加财政收入，提高人民生活品质。

（五）提升城市形象

休闲旅游基地的建设是一个系统工程，不仅能实现土地资源的集约使用，还会在很大程度上提升城市交通、通讯、卫生等公共服务的水平，促进其他相关行业包括金融保险、国际贸易、现代物流、文化创意等产业的进一步发展，推进社会治安的稳定，改善环境，提高居民素质，为居住、投资和旅游创造良好的空间和氛围，为提升城市形象奠定基础。

标准篇

第四章　现有标准及基地评定
标准的目标

为了让基地的建设有章可循、有的放矢，客观上应该有一个比较成熟的、可操作的休闲旅游基地评定标准作为参照。已经具备一定条件的创建单位可以参照这个标准进行自我完善和提升；正在建设中的休闲旅游项目，可以参照这个标准进行调整和补充；而对于那些还在规划中的重点发展区块，也可以参照这个标准进行策划和包装招商。当然，标准本身也不是万能的，它只是一种方向的引导，一个基本的平台，应鼓励标准在实践工作中被不断创新和突破，并不断完善和提升休闲旅游基地建设工作，使之进入良性的循环之中，为休闲旅游基地评定标准上升成为国家标准打好基础。对于那些针对高端市场或专业市场，知名度较高、影响力较大的特殊业态基地，也应特别关注，予以积极推进。它们是一种以专项休闲为主的空间区块。从目前来看，还难以用现有标准考核并加以评估。对于这类休闲旅游基地的评价将通过专家评审直接认定。

第一节　国内休闲产业标准化简况

随着中国国民经济的持续发展、人均可支配收入与闲暇时间的不断增加，人们的休闲生活日渐丰富，休闲消费日益增长。特别是进入 21 世纪以来，以旅游业、文化休闲业、体育休闲业等为主体的休闲产业和休闲旅游目的地呈现出蓬勃发展的良好势头。应当看到，在休闲产业快速发展的同时，也存在着一些不利于休闲产业持续健康发展的问题和因素，其中，标准的欠缺问题比较突出。

一　休闲标准化现状

（一）国外休闲标准化现状

自20世纪80年代以来，休闲产业已成为许多西方发达国家的支柱产业，对国民经济的发展所起到的推动作用越来越大。因此，西方国家高度重视休闲产业的发展，通过多种政策措施促进休闲设施与服务的完善，引导休闲产业与相关产业的融合，并从经济、福利等各个方面努力推动休闲市场的成熟。在休闲产业发展方面，国外积累了丰富的经验，并取得了一些领域的标准化成绩，如美容顾问、调酒师、健身教练等都需要经过专业训练并取得相应的职业资格证，按行业标准提供各项规范服务或指导。虽然成绩卓著，但标准化体系的操作形式尚未正式形成。

作为休闲领域的国际组织，世界休闲组织也致力于休闲领域相关标准的制定和推广，但一直没有取得实质性进展。而世界上影响力最大的国际标准化机构之一——国际标准化组织在其制定的数以万计的标准中，涉及休闲产业的标准也只有与娱乐、旅游相关的十个左右的国际标准。整体而言，与休闲产业和休闲旅游目的地建设相关的国际标准非常缺乏。令人欣喜的是，作为休闲旅游目的地的一种特殊表现形式，休闲城市方面的研究已经有了一些初步的评价标准。它们为休闲旅游基地评价提供了宝贵的借鉴。

在国外，休闲研究一直是众多学者关注的热门话题，研究者从哲学、心理学、社会学等不同角度揭示了休闲的本质和意义，运用不同的方法对不同群体尤其是弱势群体的休闲行为等进行了研究。但就城市休闲研究来看，受到较多关注的是城市休闲产业和城市休闲空间的研究，而对休闲城市本身的研究并不多，也很少有以城市休闲为专题性质的研究。如在城市休闲空间研究方面，柯里（Curry）提出，20世纪八九十年代城市社区参与户外休闲活动的增长受到规划制度的威胁，导致日常休闲活动公共空间不断减少。维尔（Veal）指出，城市户外休闲活动主要发生在公园、娱乐场所和体育运动场所，这些设施供应成为公共部门在休闲支出、土地划拨和人员配备方面最大的部分，也是历史最悠久的部分。李（Lee）等认为，城市公共空间是保护环境的场所，是加强环境教育的场所，可以为休闲需要创造机会，满足视觉享受。在休闲城市评价指标体系研究方面，虽然有关理论成果很少，但在实践中，国外也建立了一些相关的评价标准。如美国关于幸福谷（Happiness Village）和最佳地方（Best Place）的评选，前者的评选标准是洁净的空气、无污染的水、交通便利且不拥堵、社区宁静度、良好的游憩空间设施、便利的生活服务、秩序、效率、安全、人际关系的和谐等，后者则强调城市人口不超过 10 万人、洁净的空气、洁净的水、社区宁静度、就业率（包括就业指导中心的工作效率）、普遍的受教育程度、游憩空间的合理布局（行走 2 公里必须有社区游憩中心）、植被覆盖面积、提供老百姓能买得起的住房等。国外城市休闲所强调的城市的宜居性、宜人性等要素可以作为休闲旅游基地评价时重点考虑的因素。①

（二）国内休闲标准化现状

目前，中国在旅游业、文化休闲业、体育休闲业等领域已制定并实施了部分国家标准及行业标准，但远不能涵盖休闲所涉及的众多领域，不能体现对休闲旅游目的地的要求，特别是对休闲的跨产业、多元化发展的要求。例如，旅游业相关标准主要面向的是外来游客的观光旅游；体育休闲业相关标准主要针对的是竞技体育以及专业化运动；文化休闲业相关标准主要针对的是演艺、娱乐、文化场馆等传统文化事业。这些还不能体现社会、经济、文化等领域的休闲化发展趋势与要求。

就国内的研究来看，目前对休闲旅游目的地的研究主要集中在对休闲行为的调查分析、休闲旅游（产业）的发展对策以及休闲城市的特色和构建等方面。其中对居民休闲行为的研究最多。关于评价指标体系和评价方法的研究，国内也有一些学者提出了自己的意见和看法。在这方面，中国人民大学和国际休闲产业协会联合做了许多工作。比如 2009 年 9 月，中国人民大学中国休闲经济研究中心和国际休闲产业协会在浙江宁波联合发布了《湖泊休闲评定标准》。2010 年 4 月，它们又在四川成都联合发布了《中国休闲城市评价标准体系》，这些标准体系对于中国休闲目的地的建设和发展都具有一定的理论和实践意义。

2011 年 9 月，由全国休闲标准化技术委员会指导起草并归口管理的国内首个城市公共休闲服务与管理系列国家标准颁布，并于 2011 年 10 月 1 日起实施，包括 GB/T 28001—2011《城市公共休闲服务与管理

① 曹新向、苗长虹、陈玉英、王伟红：《休闲城市评价指标体系及其实证研究》，《地理研究》2010 年第 9 期。

基础术语》、GB/T 28002—2011《城市公共休闲服务与管理导则》、GB/T 28003—2011《城市中央休闲区服务质量规范》三项内容。实际上，近几年以来，北京、杭州、成都、无锡等城市在休闲服务标准化方面也进行了一些有益的尝试，出现了许多与休闲相关的地方标准。这些标准主要还是从休闲服务的某一方面比如食品、服务质量、乡村旅游、家具等方面进行规范，由于缺乏系统性和体系化的实践，目前尚处于探索阶段。

综观现有的一些与休闲旅游目的地相关的指标体系或评价方法，都有其合理性的地方，但也都有不完善的地方。主要表现在以下三点：首先，没有从休闲旅游的真正内涵来理解休闲旅游目的地，导致了指标不够全面，仅用几个主要的指标来代替，不能全面反映问题；其次，指标体系操作性差，部分指标很难获取；最后，对休闲旅游目的地评价指标体系的构建只停留在认知层面上，缺乏对具体指标的深入探讨。

2010年4月27日，《中国休闲城市评价标准体系》在四川成都发布，该体系将主观标准和客观标准结合使用，提出了环境休闲力、基础休闲力、核心休闲力三位一体的休闲结构体系理论。其中，环境休闲力包括自然环境和人文环境二个要素，基础休闲力包括基础设施、休闲设施二个要素，核心休闲力包括市民休闲力、休闲感受度（满意度和生活幸福度）二个要素，这六大要素构成一个六菱钻石模型。

二　休闲旅游基地标准的主要作用

（一）推动休闲旅游目的地发展

通过建立休闲旅游基地评价标准，可明确休闲的基本内涵和服务要求，休闲服务的领域和质量规范，休闲服务设施的类型和质量要求，休闲服务管理的内容和质量要求等。通过标准的实施，可逐步引导休闲旅游基地向规范化、国际化、现代化方向发展，强化以休闲旅游基地为基础的现代服务业的发展，率先以休闲服务与服务管理标准在国际服务标准体系中打出地方特色，进而促进整个服务业提高供给、优化服务质量，增强服务业的整体竞争力，与经济全球化和全面对外开放的新形势接轨。

（二）调整优化经济结构

休闲产业总体上属于服务业即第三产业范畴。随着人们休闲需求的增加，休闲供给部门在第三产业中所占据的比例越来越大，这种由需求升级带动的产业发展最具潜力也最为迅速。为适应多样化的休闲需求，新的休闲服务行业不断涌现，在促进第三产业内部结构调整的同时，也因需求转化为第一、二产业的供给，最终休闲需求成为产业结构演变的主要动力。休闲旅游基地的标准化和服务质量控制，就是通过建立一个科学、适用的休闲旅游服务标准，强化休闲旅游目的地对区块内第一、二、三产业结构的推动和调整作用，指导休闲产业和休闲消费健康持续发展，从而带动整个产业结构的优化和升级。

（三）满足国民休闲需要

休闲是关乎民生与社会发展的大问题。推动休闲产业和休闲旅游目的地的发展是落实科学发展观、构建和谐社会的现实要求。通过标准化方式对基础大、潜力大、规模大的休闲产业加以规范和引导，可以发展科学健康的休闲方式，明确休闲服务的基本内涵和必需要素，确定休闲服务在数量、质量等方面的要求，保障休闲服务供给有序，从而丰富国民休闲生活，提高国民休闲质量，满足国民休闲需要，提升国民幸福指数。

三　主要参考标准和文件

近年来，国内各级各地旅游主管部门围绕休闲旅游的发展制定了一些标准，其中包括《杭州市休闲基地评定办法（试行）》、《浙江省旅游强镇检查标准》、《旅游景区质量等级的划分与评定》、《旅游度假区等级划分》、《国家生态旅游示范区建设与运营规范》以及《宁波市市级现代服务业产业基地认定办法》等。

以上标准既有经过充分实践而相对比较成熟的评定体系，也有最新研究成果，尤其是后面三个，基本上略早于或同期于我们休闲旅游基地评定标准的制订时间。这些当时还处于制订期间或尚未正式公布的研究成果，给我们休闲旅游基地评定标准的制订工作注入了充满活力和创新的元素。

（一）杭州休闲基地标准

《杭州市休闲基地评定办法（试行）》中的休闲基地是指基础设施达到《旅游景区质量等级的划分与评定》（GB/T 17775—2003）中的AAA级（包括AAA级）以上标准，休闲氛围浓厚、休闲特色鲜明、休闲设施完善、休闲项目丰富，具有一定规模及市场影响力的各类休闲地。

杭州市休闲基地评定条件包括以下六条：（1）建设项目列入各区、县（市）国民经济和社会发展"十一五"规划。所在区、县（市）政府组织成立休闲基地建设领导小组，协调、指导和推进休闲基地的建设。（2）具有特色鲜明的休闲度假氛围。充分整合当地资源优势，因地制宜地设置各类休闲项目，营造特色鲜明的休闲度假氛围，体现出独特性、差异性。（3）具有明确的市场定位和较高的知名度、美誉度。拥有一定的地域范围，设有完善的休闲度假设施，具有较强的市场辐射力，在休闲者中有较高的满意度。（4）有科学的发展规划并得到有效落实。制定以市场为导向的休闲基地发展规划，目标明确、任务分解、责任落实。（5）具备一定的规模。一般首期开发的项目建设投资不少于2亿元；依托旅游城市、旅游区（点）、乡村旅游等开发的休闲设施投资不少于1亿元。（6）项目单位具有较强的市场开拓能力。深度挖掘市场潜力，主动与国际接轨，积极构建市场营销网络。

评分表基本框架见表4—1。

表4—1　　　　《杭州市休闲基地评定办法》评分表的基本框架

序号	审核内容	分值（分）
1	发展目标与规划	50
2	休闲环境与氛围	150
3	基础设施	150
4	休闲设施与活动	250
5	休闲服务与管理	150
6	市场评价及满意度	250
总计		1000

（二）省旅游强镇标准

从2007年开始，浙江省全面启动旅游"十百千"工程的创建活动，即创建10个以上旅游经济强县、重点培育100个旅游强镇和1000个特色旅游村。其中，"旅游强镇"源于国家旅游局会同建设部共同提出的加快旅游小城镇建设的要求，以及国家旅游局会同农业部提出的在全国建成具有乡村旅游示范意义1000个乡（镇）的要求，而这两方面内容都与我们的休闲旅游基地有着密切的关系，因此也成为我们的重要参考。

浙江省旅游强镇的基本条件包括以下五条：（1）旅游业纳入全镇社会经济发展规划，有健全的旅游管理机构和旅游政策保障机制，全镇发展旅游的氛围浓厚。（2）旅游资源丰富，旅游产品成熟，旅游经济发展水平较高，综合效益明显。有一定规模的旅游景区（点），且基本符合国家A级旅游景区、工农业旅游示范点和浙江省乡村旅游点等相关标准要求。（3）旅游综合环境良好，布局合理，街道整洁，环境优美。旅游交通方便，旅游景区（点）可进入性强。（4）旅游服务设施完善，各类旅游标识规范，旅游从业人员能够为游客提供比较规范的服务。（5）旅游秩序良好，近两年来未发生重大投诉。旅游环境安全、健康，近两年来无重大旅游安全事故。

评分表基本框架如表4—2所示。

表4—2　　　　《浙江省旅游强镇检查标准》评分表框架

序号	项目分类	最高得分（分）
1	组织领导与保障机制	50
2	旅游资源与旅游产品	150
3	旅游环境与基础设施	100
4	旅游管理与服务质量	100
5	加分项目	50
总计		400＋50

（三）旅游景区标准

《旅游景区质量等级的划分与评定》是一套规范性、标准化的质量等级评定体系，是目前全国旅游景区（点）评定中最为权威和广泛使用的标准，旨在加强对旅游景区的管理，提高旅游景区服务质量，维护旅游景区和旅游者的合法权益，促进中国旅游资源开发、利用和环境保护。我们的休闲旅游基地以已经评定的4A级旅游景区为核心，自然少不了参考此标准的主要内容。

此标准因为已经上升为国家标准，使用文字和体例都相当规范，成为我们引用的范本。在体例结构方面，标准设置了六个部分的内容：第一部分，明确使用范围；第二部分，罗列引用文件；第三部分，解释相关术语和定义；第四部分，规定分类及名称；第五部分，阐述划分条件，此为标准的核心内容；第六部分，规定划分的依据与方法。最后附上评定管理办法和申请评定报告书，形成了一套完整的评定依据。

申请评定报告书中配套有相当详尽的评定细则。细则分为三部分。细则一：服务质量与环境质量评分细则；细则二：景观质量评分细则；细则三：游客意见评分细则。其中，服务质量与环境质量评分细则的基本框架如表4—3所示。景观质量评分细则的基本框架如表4—4所示。

表4—3　　　　　《旅游景区质量等级的划分与评定》中服务质量与
环境质量评分细则框架

序号	评定项目	最高得分（分）
1	旅游交通	130
2	游览	235
3	旅游安全	80
4	卫生	140
5	邮电	20
6	旅游购物	50
7	综合管理	200
8	资源和环境的保护	145
总计		1000

表4—4　　　　　《旅游景区质量等级的划分与评定》中景观质量
评分细则框架

序号	评定项目	最高得分（分）
1	资源吸引力	65
2	市场影响力	35
总计		100

（四）旅游度假区标准

中国曾于1992年批准成立广州南湖、苏州太湖、昆明滇池、福建湄洲岛、海南亚龙湾等12个国家级旅游度假区。但随着中国经济社会的发展，也出现了许多亟须解决的问题。2008年，国家旅游局启动了《旅游度假区等级划分》制订工作，旨在引导旅游度假区加强管理、提高品质和质量、满足游客诉求，促进中国旅游度假区的科学发展。与原来实行的"旅游景区等级划分标准"相比，此标准更加注重旅游资源和服务的"度假"功能，实现两者的优势互补，将进一步完善国家旅游产品的考评体系。

作为国家旅游局制订的最新国标，《旅游度假区等级划分》沿用了《旅游景区质量等级的划分与评定》体例结构。标准设置了六个部分的内容：第一部分，明确使用范围；第二部分，罗列引用文件；第三部分，解释相关术语和定义；第四部分，规定等级划分及依据；第五部分，阐述划分的基本条件，此为标准的核心内容；第六部分，阐述划分的其他条件。最后附上室内、户外休闲活动设施类型。

该标准的最大特点是提出了基本条件和一般条件两个层面的标准体系，相当于设置了一个最低门槛。这些强制性指标包括：（1）资源条件；（2）边界与管理；（3）管理机构；（4）规划建设；（5）度假市场；（6）接待规模；（7）房地产控制；（8）户外度假条件；（9）环境质量；（10）卫生与安全。这种强制性指标的设置方式十分直观有效，成为休闲旅游基地标准制订过程中的重要参考。

细则分值参考标准（未正式出台）基本框架如表4—5所示。

表4—5 　　　　　《旅游度假区等级划分》评分细则基本框架

序号	评定项目	最高得分（分）
1	度假资源条件	300
2	区位条件	180
3	市场条件	230
4	空间环境条件	360
5	核心度假设施及服务条件	500
6	支撑性设施及服务条件	250
7	管理条件	180
总计		2000

（五）生态旅游示范区标准

国家生态旅游示范区建设与运营规范旨在引导和规范中国生态旅游区的规划、建设、经营管理与服务，促进生态旅游业健康发展，是国家旅游局和环保部联合制订的最新标准，也是发展"低碳旅游"的重要落脚点。

此标准增添了建设与运营的相关规定，与旅游景区和度假区标准相比，其结构体例更为丰富，一共设置了17条内容：（1）范围；（2）规范性引用文件；（3）术语和定义；（4）示范区规划；（5）生态旅游资源；（6）生态环境质量；（7）传统文化保护；（8）基础设施；（9）服务设施及内容；（10）安全；（11）卫生；（12）区域统筹；（13）公共环境与社区参与；（14）市场营销；（15）综合管理；（16）培训与教育；（17）认定与检查。其中，第（4）条至第（16）条为此标准的核心内容。评分细则基本框架如表4—6所示。

表4—6　　　　　《生态旅游示范区》评分细则基本框架

序号	评定项目	最高得分（分）
1	示范区规划	100
2	生态旅游资源	160
3	生态环境质量	345
4	传统文化保护	65
5	基础设施	295
6	服务设施	215
7	安全	85
8	卫生	155
9	区域统筹	95
10	公共环境与社区参与	130
11	市场营销	70
12	综合管理	185
13	培训与教育	100
总计		2000

（六）服务业产业基地标准

《宁波市市级现代服务业产业基地认定办法》是根据宁波市人民政府《加快现代服务业产业基地的意见》的要求制订、出台的一个重要文件。与前面罗列的五个标准不同，这是一个认定性质的，更注重规范工作程序的文件。我们之所以将它作为一个重要的参考，主要出于以下考虑。

2008年8月，宁波市人民政府出台《今后五年宁波市服务业跨越式发展行动纲要》，将"休闲旅游"列为宁波市现代服务业的六大支柱产业之一，成为宁波市今后五年服务业发展的重点领域。这是宁波市首次在市政府文件中出现"休闲旅游"的表述，而且进一步明确了产业地位，为休闲旅游业发展融入全市社会经济大局打下了良好的基础。

从服务业发展纲要的制订再到意见和认定办法的出台，旅游部门一直积极配合市发改部门的工作，多次参与讨论，提出建议，最终将休闲旅游基地纳入现代服务业产业基地的九种类型中。这样一来，不仅使休闲旅游基地建设上升成为全市和各级政府层面的一项重点工作，还能够从加快服务业发展的有关政策中享受到一定的好处，真正形成"合力兴旅"的良好氛围。

该认定办法提出了服务业产业基地必须具备的六项基本条件：（1）有完善的产业基地发展规划、建设行动计划和空间布局规划，边界清晰，有明确的范围，符合本市相关规划；（2）基地完成建设或改造，入住率达到30%以上；（3）主导产业明确，形成产业特色，入驻企业有一定的品牌优势和规模优势；（4）有一定的公共服务支撑体系，能够为入驻企业提供投融资、合作交流、人才培训、技术创新、信息管理、知识产权保护、检验检测、统计等服务；（5）有规范的管理机构，能够有效组织开展产业基地的建设、管理和招商等工作；（6）所在县（市）、区政府有配套政策措施。其中，休闲旅游基地还应满足下列条件：（1）休闲旅游设施和功能完备，公共服务设施达到《旅游景区质量等级的划分与评定》中的4A级标准，服务质量优良；（2）接待规模和影响力在全市同类中名列前茅；（3）综合经济效益良好，旅游服务的集聚力、辐射力和竞争力较强。

第二节　宁波市休闲旅游基地评定标准的体系构成

一　休闲旅游基地的要素系统

休闲旅游基地的打造是一个长期而渐进的过程，休闲旅游基地的竞争力主要依赖于产品、服务、环境、管理四大系统要素的相互作用和协调发展的水平。

（一）休闲旅游产品要素

产品要素是休闲旅游目的地的核心，它由三个方面构成：一是具有一定数量、种类以及对市场具有一定吸引力的休闲旅游产品。标准要求休闲旅游基地宜具有一定体量、优质的、可供休闲旅游用的自然、人文资源；二是这些休闲旅游产品区位、交通等方面的状况，鉴于它的重要性，标准在一般条件中设置了包括内外部通达性、内部公共交通等在内的交通要求；三是与该休闲旅游资源密切相关的物质条件，标准强调休闲旅游基地应具有较强的可持续发展能力。

（二）休闲旅游服务要素

服务要素是休闲旅游目的地体系的支撑要素之一，是休闲旅游目的地打造总体水平的主要决定因素。它包含四大体系：一是休闲旅游服务的硬件体系，它是由餐饮、饭店、旅行社、交通、金融、旅游购物、休闲娱乐设施所构成的服务体系；二是由休闲旅游景点景区的停车场、通讯、医疗、物种维护、垃圾处理等所构成的公共服务设施体系；三是由咨询、集散、信息、车辆救援、消防、医疗、财产保障等所构成的相关服务体系；四是以上述三种服务要素为基础形成的休闲氛围"软系统"，具体体现为基地有关人员对休闲内涵的理解、对休闲旅游工作的认同和对工作全身心投入的状态，对休闲旅游者来说，它表现为浓郁的休闲氛围。

（三）休闲旅游环境要素

对休闲旅游者来说，休闲旅游目的地本身就是一个大旅游区，所以，目的地的环境非常重要，环境可以分为硬环境和软环境。硬环境表现为基础设施的建设程度，软环境则包括服务内容和市场发育程度等。只有充分注重目的地的环境要素的建设，才能给旅游者以休闲愉悦的感受，才能避免多年以前"美丽的西湖、破烂的杭州"之类的败笔出现。鉴于硬环境和软环境的不同，休闲旅游基地对硬环境的要求体现为对公共设施的要求，除了交通系统、停车场、游客中心以外，还设置了对公共厕所、标识标牌等的具体要求；休闲旅游基地对软环境的要求主要体现为对服务内容和市场成熟度的要求。休闲旅游基地的评定是对基地建设成果的考量，所以，标准专门设置了市场成熟度考评环节，它反映了休闲旅游基地软环境建设的程度，标准要求休闲旅游基地宜具有竞争力强且特色鲜明的市场品牌及形象，同时考评休闲旅游基地的过夜游客平均停留天数、旅游综合收入、游客满意度等。另外，休闲旅游基地的发展环境与其管理要素息息相关，于是在环境要素中，把对软环境的要求特别是经济环境的要求与管理要素结合起来。

（四）休闲旅游管理要素

休闲旅游基地是一个由各种要素和资源组成的复杂大系统，休闲旅游是大旅游，需要各个有关部门协同力量，统一行动，要形成一整套完善的适合于大旅游发展的格局，必须依靠管理体制创新。休闲旅游代表的是旅游产业未来的发展方向，但尚处于供给决定需求的市场导入阶段，作为新生事物，它的发展必然需要政府的支持，政府组织的管理对休闲旅游基地的发展来说尤为重要。所以，作为申报休闲旅游基地的必要条件，在一般条件中单独设置了"管理和服务"指标，来体现对这一机构的要求，分别对综合管理、安全管理和游客服务作出具体规定。

在上述四个要素中，产品要素和服务要素构成了休闲旅游目的地的核心要素，环境要素和管理要素构成了支撑要素。只有当这四大要素相互作用、协调发展到最佳状态时，休闲旅游目的地才能产生出竞争力。只有到那时，休闲旅游的市场占有率、休闲旅游经济效益、对地方财政的贡献等才会显现出来。

二 评定标准的体系构成

（一）评定标准的类别

宁波市休闲旅游基地相关的评定标准分为《宁波市休闲旅游基地评定标准》和《宁波市专项休闲旅游基地认定标准》两类。

《宁波市休闲旅游基地评定标准》针对的是满足大众休闲旅游需求的旅游目的地。满足大众休闲旅游需求的旅游目的地一般具有相对较好的发展基础，它们不但有 4A 级旅游景区作为支撑，而且体量一般较大，各项基础设施建设相对完善。

调研发现，除了满足大众休闲需求的基地以外，还存在一些在某种休闲资源方面特别突出的休闲旅游目的地，它们虽然并不具备标准所要求的休闲旅游基地的必备条件和一般条件，但是由于某种资源特别出众而吸引了大量休闲旅游者。最为典型的，比如宁波宁海的徒步运动、象山的海钓、东钱湖的自行车休闲等，它们虽然总体体量小，但是分别在徒步运动、海钓、自行车休闲等方面具有非常好的资源，吸引了来自各地的休闲旅游者。比如，宁海的许家山自然风光优美，生态环境良好，绿化覆盖率高，空气质量好，适宜徒步运动，游步道途经村庄、生态园等地方，生态多样化程度高，并有一定的人文底蕴，人文环境与自然环境融合，吸引了全国的徒步运动爱好者。搜狐公司董事局主席兼首席执行官张朝阳就曾直接乘直升机赴许家山进行徒步运动。

尽管这种类型的休闲旅游目的地的生命力可能更强大，但是任何一种事物的发展都有一个逐渐成熟的过程。所以，在发展初期，这种类型的休闲旅游目的地是不能完全照搬以上休闲旅游基地评定标准来评估的，于是专门制定了《宁波市专项休闲旅游基地认定标准》。所谓的专项休闲旅游基地是指具备一定资源与环境，具备必要的某种休闲活动进行所必需的专项设施和基础设施，提供一定的管理和服务，并在该领域中拥有相当的市场评价和形象的专项休闲旅游目的地。

之所以设置"认定标准"，是因为这些基地虽然在公共设施、产业要素、管理与服务、市场成熟度以及社会统筹发展等方面还不可能达到大众休闲旅游基地的发展程度，但它们在一定程度上代表了宁波市某方面休闲发展的方向，应该从长远发展的角度鼓励它们。只要它们具备了一定的资源与环境，在专项设施、基础设施以及管理与服务方面达到标准所设置的要求，就认定它为专项休闲旅游基地。《宁波市专项休闲旅游基地认定标准》是一个开放性更强的标准，今后还会根据市场和产品的发展，不断对其进行修改和完善。

（二）评定标准的框架

《宁波市休闲旅游基地评定标准》将基地的评定条件分为必备条件和一般条件两大类。其中，必备条件主要是考评休闲旅游基地的门槛条件，只有达到所有必备条件才有资格申报宁波市休闲旅游基地；一般条件主要是考评休闲旅游基地的资源与环境、公共设施、产业要素、管理与服务、市场成熟度与社会统筹六个方面，它是考察休闲旅游基地成熟度的主要依据。必备条件与一般条件一同构成《宁波市休闲旅游基地评分细则》的编制依据。

《宁波市专项休闲旅游基地认定标准》对专项休闲旅游基地的认定依据分为基本条件和认定标准两大类。其中，基本条件对所有专项休闲旅游基地的共性条件进行了规定，包括开展专项休闲旅游活动的特殊资源、自然风光、生态环境、对外交通、基础设施、住宿餐饮接待服务、管理服务机构、服务功能、专项技能培训与安全警示、市场知名度与市场营销等内容。认定标准对在各种专项休闲旅游基地顺利开展休闲活动所必需的专项条件进行了规范要求。比如对海钓休闲旅游基地的海钓品种、水域及陆岛环境、游钓方式、码头靠泊条件、游钓船管理、资源保护措施等进行了规定，对徒步运动休闲旅游基地的游步道主要技术指标、标志标牌系统、途中补给点、年度维护经费、救援设施等进行了规定。

三　评定标准的制订原则

《宁波市休闲旅游基地评定标准》的制订是一个较为复杂和艰巨的工程。从休闲追求的本质来说，建设不存在统一的标准，从长远来看，标准化与休闲本身是背道而驰的。但是，从客观上讲，休闲旅游基地建设在目前还是一个新鲜事物，许多地方对这一新鲜事物还不了解，对此毫无概念，所以，在建设初期需要有一种理念去引导它、实践它。《宁波市休闲旅游基地评定标准》等系列文件的制订就是为了实现这个目的。

为了力求客观、准确地描述宁波休闲旅游基地的发展情况，体现出对今后工作的导向，《宁波市休闲旅游基地评定标准》等系列文件的制订遵循了以下几个原则。

（一）量化评价

理想的标准应是详细说明要求的行为或结果，我们在标准中力求将一个休闲旅游基地的状况和发展程度尽量用数据来表达，能量化就尽量不用定性描述，以降低各方面理解的差异化程度。

（二）统一评价

《宁波市休闲旅游基地评定标准》在制订过程中，参考了大量相关标准和法规，注意了与国家有关法律、法令和法规的一致性，仅在标准中明文列出的法律法规就有18项，还引用了许多相关的文件、法令的大量条款，使其成为本标准中的条款。

（三）针对（性）评价

在标准制订之前，对宁波市休闲旅游发展情况进行了比较深入的调研，同时也了解了其他省、市、区的休闲旅游发展情况，所以，标准的制定针对性非常明确，希望使用这个标准来评价宁波市休闲旅游基地发展的水平，同时，在标准中所设置的考评内容和条款尽力反映休闲旅游基地的需求和实践需要。

（四）动态评价

休闲本身是引领时尚的生活行为，它与社会发展密切相关，在飞速发展的时代背景下，对休闲旅游基地的评价应该坚持动态原则，根据休闲市场和产业发展的要求，对基地进行开放性的评价。

第五章　宁波市休闲旅游基地评定标准与评分细则

　　休闲旅游市场更多地表现为地域性消费市场，因此，休闲旅游资源的吸引力评价中独特性和本身的特质所占的重要性有所下降，而当地对休闲旅游资源的开发建设能力和配套水平成为旅游资源质量的重要衡量标准。这一转变为传统旅游资源弱势地区提供了新的发展机遇，也是宁波市旅游业新一轮洗牌的开始。这个观点在各县、市、区达成了共识。所以，各县、市、区对休闲旅游基地的申报热情很高，各项工作推进也很顺利。

　　为了避免宁波市休闲旅游基地申报出现一哄而上的局面，徒然增加申报和评定的工作量，如前所述，《宁波市休闲旅游基地评定标准》将基地的评定条件分为必备条件和一般条件两大类。必备条件与一般条件一同构成《宁波市休闲旅游基地评分细则》的编制依据。在《宁波市休闲旅游基地评分细则》中，必备条件作为申报宁波市休闲旅游基地的门槛条件，不计入基地的评定分数，一般条件共计 1000 分。其中，资源与环境 120 分，公共设施 260 分，产业要素 220 分，管理与服务 180 分，市场成熟度 120 分，社会统筹发展 100 分。在满足评定必备条件的情况下，被评审单位必须达到 800 分才能被视为达到宁波市休闲旅游基地标准，在经过一定程序后才可以被认定为宁波市休闲旅游基地。

第一节　必要条件

一　空间边界

　　休闲旅游基地是指以旅游景区、度假区和其他具备旅游接待功能的区块为依托，主题特色鲜明、产品类型多样、产业要素集聚、休闲功能突出、服务设施完善、管理机构健全，具有一定规模、综合经济效益及市场影响力的各类休闲旅游目的地。所以，休闲旅游基地首先是一个区块，对休闲旅游基地进行评定，就是要考察这个区块上是否已经具备了鲜明的主题特色、多样的产品类型、集聚的产业要素、突出的休闲功能、完善的服务设施以及健全的管理机构。因此，标准首先规定，休闲旅游基地必须具有明确的空间边界。

二 管理或协调机构

因为以休闲空间为主要考量基础，在某种程度上，休闲旅游基地打破了原有的行政边界、行业边界，将休闲功能打造作为突出目标和任务。从目前旅游区的发展来看，凡是建有度假区管委会的区块，其休闲旅游都获得了良好的发展，其中，管委会的协调工作起到了重要作用。因此，在发展初期，必须要有强有力的管理协调机构，否则，也将可能出现部门、地区之间的相互扯皮情况，在这个区块上的发展将可能是一盘散沙。因此，标准规定，休闲旅游基地应具有统一的管理或协调机构。

三 规划和实施

旅游规划是为旅游的发展所设计的一个框架，所以这个框架必须是长期的、稳定的、必要的。规划是休闲旅游基地内旅游系统的发展目标和实现方式的整体部署过程。规划经相关政府审批后，是各类部门进行休闲旅游开发、建设的法律依据。规划要求从系统全局和整体出发，着眼于休闲旅游规划对象的综合整体优化，正确处理休闲旅游系统的复杂结构，从发展和立体的视角来考虑和处理问题。因此，休闲旅游规划必然要站在高屋建瓴的角度统筹全局，为休闲旅游发展提供指导性的方针。休闲旅游基地规划是一套法定的规范程序，是对休闲旅游基地长期发展的综合平衡、战略指引与保护控制。

休闲旅游基地规划的基本任务是要通过确定发展目标，提高吸引力，综合平衡公共产品体系、支持体系和保障体系等各体系之间的关系，拓展休闲旅游内涵的广度与深度，优化休闲旅游产品的结构，保护休闲旅游所赖以发展的生态环境，保证休闲旅游基地获得良好的效益并促进地方社会经济的发展。在现实中还有一种情况，就是许多休闲旅游基地的划定与现有的某些休闲旅游区块在空间上是重合的或大部分是重合的，在原有区块已有经过严格论证过的发展规划且正在实施过程中的情况下，标准也不严格要求一定要重新编制新的规划。

综合以上考虑，标准中不仅要求有规划，而且要考察规划所得到的有效实施的程度。

四 依托景区

关于休闲旅游基地是不是需要有 4A 以上旅游景区做依托的问题，在制订标准过程中进行了激烈讨论。主要有两种观点：一种观点认为，休闲旅游在本质上是一种心灵的放松，所以，休闲旅游发展的一种趋势就是无景点旅游。无景点旅游，通俗地说，就是旅游者到了一个陌生的地方住下，但并不会特别去逛景点，而是走到哪里算哪里。无景点旅游最显著的特点是"自主、自愿、自助、自由"。它不会受到景区景点的约束，所以，不需要有旅游景区的限制。另一种观点认为，休闲旅游是在观光旅游的基础上发展起来的，层次比观光旅游高，但并不排斥观光旅游的存在。换句话说就是，休闲旅游与观光旅游并不能截然分开。即使现阶段无景点旅游发展势头很好，但经过仔细观察也可以发现，无景点旅游实际上都是在现有景区周边发展形成的，而且发展到一定规模以后，如果不对服务进行规范，无景点旅游品质就将会严重下降。所以，应该努力将高等级景区的服务拓展到周边的休闲旅游。

经过讨论，后一种观点得到了认可，综合考虑宁波旅游发展的实际情况，标准规定，休闲旅游基地申报前应具有已通过评定的 4A 级及以上旅游景区。

五 市场规模

年接待游客人次可以反映休闲旅游基地发展的市场规模，因此，必须对此有所要求。必要条件中规定了休闲旅游基地必须以 4A 级及以上景区为依托，根据《旅游区（点）质量等级的划分与评定》（GB/T 17775—2003）要求，4A 级景区每年的年接待游客规模不少于 50 万人次，因此，从理论上说，休闲旅游基地的年接待规模应该大于或等于50 万人次。考虑到现有旅游统计体系尚不能完全覆盖包括无景点旅游在内的休闲旅游者，也可能出现某些休闲旅游资源特别突出的 4A 级景区可能恰好形成一个独特的休闲旅游基地，所以标准采用了4A级旅游景区的要求，规定休闲旅游基地的接待规模下限为年接待游客应达到50万人次。但是，既然是休闲旅游基地，则必定与观光旅游景区有所不同，特别是过夜游客人天数指标要远远优于传统景区。

过夜游客人天数＝过夜游客人数×过夜游客平均停留天数

过夜游客的停留天数至少在两天，以过夜游客人数占年接待游客比重为10%计，每年的过夜游客人数应达到5万人，所以，标准规定，休闲旅游基地的年过夜游客人天数至少应该达到10万。当然，今后随着休闲旅游发展越来越成熟，这个门槛条件还会相应提高。

六　其他

除以上必要条件外，为形成明确的工作导向，标准对环境、卫生、安全等进行了一些规定如下：

环境质量达到相应国家标准，各种设施的卫生与安全符合相应的国家标准。

近两年来无重大旅游安全事故。

第二节　资源与环境

休闲旅游是指以旅游资源为依托，以休闲为主要目的，以旅游设施为条件，以特定的文化景观和服务项目为内容，离开定居地而到异地逗留一定时期的游览、娱乐、观光和休息。自然界和人类社会中凡能对旅游者产生吸引力，能够为游客提供休闲旅游产品，并可产生经济效益、社会效益、环境效益和文化效益的关键吸引物，都可以称作休闲旅游资源。

此处的环境指的是休闲旅游活动赖以顺利开展、休闲旅游资源得以良好存在的外在环境，主要指的是生态环境等自然环境。

休闲旅游资源与环境成为休闲旅游发展不可缺少的重要组成部分，在《宁波市休闲旅游基地评分细则》中，资源与环境共设置120分。

一　资源

近年来，宁波市一直保持着旅游开发的高强度投入，但是从引领当前旅游产业转型升级的层面来说尚存在着产品类型单一、广度和丰度不够等问题。从近几年黄金周游客抽样调查情况来看，休闲度假的主打产品和支撑产品缺乏震撼力和影响力，在长三角区域还没有形成亮点和热点；重点旅游区域虽然已有一定的市场吸引力，但还没有形成整体效应；海、港、桥、佛、山、湖以及都市等富有潜力的资源没有得到有效整合，一些基础性的功能配套设施还没有达到使游客满意的标准。另外，一些老景区产品项目缺乏更新，创新动力不足，目前接待游客比较多的溪口、松兰山等景区的功能还很单一。已经具备一定开发基础和市场潜力的如三江都市游等休闲旅游产品由于受管理体制等因素的制约仍未能有效地推向市场。相当一部分重点旅游项目，如大桥湿地公园、象山半边山等尚在开发建设过程之中，缺乏像杭州西湖、舟山普陀一样具有核心竞争力的旅游产品和品牌。

而休闲旅游目的地的规划则要求满足游客和居民的需要，把整个目的地作为休闲度假空间来设计，并充分考虑本地人口和外来游客的交往需要。一个地区成为一个旅游资源单元，其中的地方形象、社会形态、民风民俗、生态环境特征甚至产业结构特色都是旅游资源的一部分。作为休闲资源的旅游资源涉及房地产、信息以及通信、出版、娱乐、餐饮、酒吧、茶馆、咖啡厅、社区服务、教育、体育、展览馆、广播电视业、影剧院、艺术场馆、集邮、花卉、宠物等，也包括为休闲服务的轿车、金融、保险、道路交通以及其他基础设施等相关行业或产品。因此，休闲产品的生产需要将传统的旅游资源与上述休闲要素进行整合包装。

为了达到休闲旅游对产品的要求，休闲旅游基地的产品系统由休闲旅游产品、休闲旅游产品的区位交通条件以及与该休闲旅游资源密切相关的物质条件三个方面构成，其中，休闲旅游产品是核心。因此，休闲旅游基地应具有一定体量、优质的、可供休闲旅游利用的自然、人文资源。只有具有这方面的资源，产品才可能有形成的基础。

基于以上分析，标准中规定具有一定体量、优质的、可供休闲旅游利用的自然、人文资源的休闲旅游基地，可得 10 分；如果基地的某一资源在全市范围内具有较强的独特性或垄断性，则可得 10 分。

二 所依托景区的质量

无论何种休闲旅游，资源都是非常重要的。旅游资源是旅游产业的基础，也是休闲产业的重要空间载体。在传统的旅游发展模式下，旅游地和景区景点处于相对独立的区域，这种景区景点对休闲旅游来说，也具有非常重要的意义。而且，在休闲旅游发展的初级阶段，其作用不可低估，它将在有效休闲旅游产品供给不足的情况下，对休闲旅游形成有益的补充和拉动。而且，所依托景区的等级越高、数量越大，拉动效果就越明显。因此，标准要求，休闲旅游基地如有5A景区、国家级旅游度假地、2家以上4A景区，可得30分；有全国工农业旅游示范点、3A级景区、省旅游度假区、省三星级乡村旅游点和省级旅游强镇，得20分；有省级工农业旅游示范点、省二星级乡村旅游点、省旅游特色村，得10分。

三 在建休闲旅游项目

旅游投资是指在一定时期内，根据旅游业或旅游企业发展的需要，为获得收益而投放到某一旅游项目上的一定数量的资金。它是一个国家或地区旅游经济发展必不可少的前提条件，也是实现扩大再生产的物质基础，决定着旅游业发展的趋势和方向，今天的休闲旅游项目就是明天的休闲旅游产品。对休闲旅游而言，目前还处于"供给决定需求"的阶段，也就是说，休闲旅游产品的供给目前还远远不能满足市场的需求，尤其在一些休闲旅游新业态的策划和落实方面远远落后于市场需要。一个休闲旅游基地能不能满足游客需求、有没有活力，就看它有没有适合市场的产品，因此，应该鼓励休闲旅游基地花大力气在原有产品基础上不断创新。产品创新的基础就是旅游投资，在一般情况下，投资项目的体量越大，覆盖的范围就越大，能满足游客需求的程度也就越高。为了达到这一目标，标准规定，在建休闲旅游项目上年度实际投资额达到2亿元，可得30分；达到1亿元，得20分；达到5000万元，得10分。

四 生态环境

毫无疑问，休闲旅游产品的开发要遵循生态原则。据世界旅游组织统计，目前生态旅游收入占世界旅游业总收入的比例为 15%—20%。国内外各类回归自然旅游人数占 50% 以上。而生态休闲旅游因其集观赏性、娱乐性、参与性和知识性为一体的独特优势满足了人们的这一心理需求。日本的观鸟旅游和观光农园及务农旅游、马来西亚的农林旅游区、澳大利亚的牧场旅游、美国的农场旅游等，都属于典型的生态休闲旅游。宁波休闲旅游产品的开发，也必须围绕"生态"做文章。因此，标准要求，休闲旅游基地必须拥有良好的生态环境。

在拥有良好生态环境的前提下，还必须继续保持环境的质量。生态休闲旅游是经济发展、社会进步、环境价值的综合体现，提倡旅游与自然的和谐统一，使旅游区所处的自然生态环境免遭破坏，使旅游区内居民的民族文化得以传衍，并保护旅游区的利益。发展休闲旅游应充分发挥当地的生态优势，发展生态经济，走经济生态化、生态经济化的可持续发展道路。我们应充分认识到，休闲旅游并不天然是传统认识中的"无烟工业"，在发展过程中，还是会产生大量废渣、废气、废水的，必须对各种污染和破坏行为进行规范。因此，规划休闲旅游项目时应充分考虑当地旅游环境的承载能力，保护好休闲旅游区内的自然生态环境和人文生态环境，严格控制休闲旅游中所产生的废渣、废气、废水的排放，坚决制止浪费土地资源、滥捕滥杀野生动物等破坏环境和生态平衡的行为。

生态环境考察的主要是空气、噪声和地表水三方面的指标，这三个方面已经有成熟的国家标准，因此，休闲旅游基地评定标准引用这三个标准，要求其分别符合 GB 3095 环境空气质量标准，GB 3096 城市区域环境噪声标准，GB 3838 地表水环境质量标准。达到以上标准，可得20 分。

五 环境融合

生态环境一直是生态研究关注的焦点，社会经济发展所带来的生态环境破坏已经成为不争的事实。随着生态休闲活动的不断出现，生态化和休闲化毫无疑问将构成休闲旅游基地的重要特征与发展元素。休闲旅游基地必须将"突出生态、体现休闲、注重文化、科学开发"作为指导基地建设的重要方针。在基地建设过程中，硬件建设被置于非常重要的地位。在科学开发的原则指导下，硬件建设可以为人们的休闲营造一个良好的人造环境。但如果建设不当，也不可避免地会造成人造环境破坏生态环境的恶果。为了避免这种现象的出现，标准要求人造环境与自然环境应相互融合，而且基地的绿化覆盖率要达到一个比较高的水平，基地内的建筑配置合理，景观设计与市场需求和自然环境之间要和谐。达到此项要求的，可得 10 分。

六 低碳旅游

低碳经济是人类面对全球气候变化，实践可持续发展理念，寻求生态经济发展模式的新突破。它"摒弃 21 世纪的传统增长模式，采用新世纪的创新技术和创新制度，通过低碳经济模式与低碳生活方式，实现可持续发展"，是生态文明建设的新进展。

一直以来，人们都认为，旅游产业是典型的"无烟产业"。但是在实践中，旅游业在低碳发展过程中还存在许多问题，集中表现在以下几个方面：（1）旅游业的发展在某种程度上还是以牺牲环境和效率为代价的，迫切需要通过落实科学发展观来转换经济发展方式。目前一些旅游企业经营者在生产经营过程中，为求利益最大化，使用一系列非环保产品，如目前旅游饭店普遍使用的一次性牙刷、牙膏、一次性筷子、一次性拖鞋等日用品，质量差、使用率低、浪费严重，不仅加大了消费成本，也增加了排污工作量。（2）旅游地游客和当地居民环保生态意识不强。旅游地内游客和居民所制造的垃圾废渣、废物剧增，而对这些垃圾的处理，需要消耗大量的人力、物力和财力，同时产生了碳排放。（3）技术含量较低。在旅游经营企业中，由于政策激励或其他原因，许多先进的智能化技术和节能减排技术应用严重不足，不仅增加了运营成本，也增加了碳排放。

旅游作为一种综合性的人类活动，是社会文明进步的产物，它涉及"行、住、食、游、购、娱、营销、环境"等诸多层面，是人类体验物质文明、精神文明与生态文明成果的综合性大舞台，具有响应低碳生活方式理念、推行碳汇机制、运用低碳技术成果的先天优势，也必然成为实践低碳经济发展模式的前沿阵地。旅游业本身具备一定的低碳产业性质，具备发展低碳经济的良好基础。

为了引导低碳旅游的发展，标准要求，基地内的设施、设备要采用清洁能源，建筑采用环保型材料。达到此项要求的，可得 10 分。

第三节　公共设施

作为宁波市休闲旅游基地评定的重点内容之一，公共设施部分共设置了 260 分。

公共设施是由政府提供的属于社会公众享用或使用的公共物品或劳务。按经济学的说法，公共设施是政府提供的公共产品。从社会学来讲，公共设施是满足人们公共需求（如便利、安全、参与）和公共空间选择的设施，如公共行政设施、公共信息设施、公共卫生设施、公共体育设施、公共文化设施、公共交通设施、公共教育设施、公共绿化设施、公共屋等。休闲旅游公共服务设施体系建设滞后主要反映在休闲旅游基地内部及基地之间的休闲旅游集散、停车场、垃圾处理等设施建设落后以及相关服务体系不健全上。

近些年来，宁波的基础设施建设速度明显加快，启动了一大批项目。经过近十几年的城市建设，宁波中心城区的巨大变化有目共睹。但是目前宁波甚至整个长三角地区关于维修援助和安全救助都比较欠缺。另外，虽然娱乐休闲设施在近几年获得快速发展，但是，相比较休闲旅游目的地建设的需要以及周边城市发展的情况来说，宁波市的娱乐休闲设施还存在数量少、服务品质低、特色不明显等缺点，对游客和市民生活来说都不能满足其需求。而且，目前这些基础设施项目与旅游的连接性不强，并没有真正为休闲旅游目的地的打造提供强有力的支持。

究其原因是，在建设这些基础设施项目时，没有充分纳入"旅游元素"。比如，三江口附近建有许多桥梁，但这些桥梁都没有特色，仅仅作为交通通道而存在；在非常具有现代气息的天一广场竟然没有设置大巴停车场，外地旅游大巴只能在路边停靠；天一阁、老外滩等在国内享有盛誉的景点之间没有直接的连接线，加上宁波的公共交通系统不完善，部分线路公交运力不足，每天许多时段内出租车奇缺，等等，无法形成完整的一日游线路，这有碍于休闲旅游目的地的打造。

从休闲旅游基地发展的实际状况出发，其公共设施最主要是指交通、停车场、公共场所、游客中心、标识标牌以及其他公共设施。

一　交通

交通部分共设置了 40 分。

对于旅游交通的概念目前在理论界尚未有统一的说法。许多学者对此进行了颇有意义的探索和界定。综合各种定义来看，旅游交通的核心内涵是：因旅游需求而伴随着旅游全过程的交通线路、工具、设施以及服务的总和。

同观光旅游一样，休闲旅游也是一种重要的地理现象，在空间上表现为休闲旅游者从居住地到休闲旅游目的地再到居住地的完整迁移过程。交通要素成为沟通休闲旅游需求和休闲旅游供给的纽带和桥梁，便捷的交通能够满足游客方便的时空选择需求。一方面，交通基础设施是一个休闲旅游基地作为有潜力的旅游地的吸引力的决定性因素；另一方面它也构成游客休闲旅游体验的重要组成和关键特征。

（一）外部交通的通达性

交通的通达性是指居住区与外部联系的便利程度，是影响人们对休闲区域选择的重要因素。交通的通达性主要从两个方面影响着人们对休闲旅游基地的选择：一个是通勤的时间费用，另一个是一般意义上的通勤费用。要降低休闲旅游者的通勤时间费用，就必须有完善的外部交通通达性。一般有直达市区主要交通中心或能与高速路、机场相连接的线路的休闲旅游区域是人们休闲的首选地。

在交通方面，宁波市的目的地旅游集散体系相当不健全，主要表现在旅游车辆数量少、档次不高，未开通主要旅游景区的专线车，旅游用车营运证发放条件较为苛刻，规划费用较高等。因为没有功能齐全的宁波市旅游集散中心，宁波对外不能融入长三角 15 城市无障碍旅游区，不能进入上海、南京、杭州、苏州、无锡、舟山等主要目的地和客源地的"一地出票，各城互通"的旅游集散网络，对内不能与本地主要旅游景区（点）之间开通旅游专线，不能有效整合本地丰富的旅游资源以形成有竞争力的产品。

所以，标准要求休闲旅游基地外部交通通达性要好，出入口有专设的游客集散场地。达到本项要求的，可得 10 分。

（二）道路网络

景点景区道路网络问题的重要性在宁波休闲旅游基地打造过程中也

日益凸显出来。要降低通勤费用，就必须依赖便捷的公共交通，长期以来，由于土地、管理、经营等各方面的原因，宁波景点景区的道路通达问题一直没有得到完全有效的解决，有些景区的外部交通连接还不够通达。在这种条件下，休闲旅游者的通勤费用必将大增，休闲旅游基地能够成为休闲旅游者选择主要目的地的可能性也大大降低。

所以，标准要求基地的道路网络完善，公共交通便捷，交通组织秩序井然。达到本项要求的，可得10分。

（三）步行道路系统

休闲旅游基地的交通还应该特别具有能使人在其中休闲的道路系统，比如步行道路、自行车专用道路等慢行系统。慢行系统的设置源于对当前过分追求速度与效率的社会的一种逃离。休闲旅游者不同于观光旅游者的显著特点之一就是追求心灵的放松，旅游者只有在这些返璞归真的交通方式和慢行系统中，才能够停留下来。只有停留下来，浓郁的休闲氛围才能创造出来，才能让游客去仔细品味。因此，标准要求设置专用步行道路系统。达到此项要求的，可得10分。

（四）特色交通工具

除了专用步行道路系统之外，标准对休闲交通工具也进行了要求。交通工具作为一种旅游媒介物，既是旅游活动的凭借物，也可以异化为旅游对象，有的时候，某地自然景色一般，由于一种别具特色的交通工具的建设，使之成为融自然、人文于一体的风景名胜时，此时该交通工具不仅具有旅游媒介功能，而且也成为旅游对象。台湾阿里山的小火车就是明显例子。

提供特色交通工具，如电瓶车、游船、骑马、人工抬轿、人力车、自行车、索道、有轨小火车等。每有1种得2分，最高10分。

二 停车场

据公安部交管局统计，2010年9月底，中国机动车保有量达1.99亿辆，其中汽车8500多万辆。每年新增机动车2000多万辆；机动车驾驶人达2.05亿人，其中汽车驾驶人1.44亿人，每年新增驾驶人2200多万人。机动车保持增长，汽车和摩托车是机动车的构成主体。停车场的面积随着机动车数量的增多而大量增加。从休闲旅游的特点看，旅游者以自驾车形式出游的比例非常高，对停车场的要求相应也非常高。

从现有景区和城市的停车场建设现状看，停车场规模偏小、分布不均，选址不当，没有顾及人流量和休闲区的人气等是非常突出的问题。

对休闲旅游基地来说，停车场建设非常重要，本部分共设置了40分。

（一）选址

休闲旅游基地的停车场规划不是简单的选址布点，而是一项复杂的系统工程。既要考虑交通流线的合理组织，又要顾及驾驶司机的方便实用；既要与景区景点密切结合，又要与周围的环境相协调。规划布局除了要严格按照相关规定，满足各项指标之外，还应考虑其场地条件，寻找的难易度，进出的方便度等各种因素。同时，其布局还应密切结合景区交通的密集节点，在车流量较多，景区景点密集处多设停车场或设大型停车场。为了达到这个目的，标准要求停车场的选址合理，规模适中，容量能满足旺季接待需求。达到本项要求的，可得10分

（二）生态停车场

传统的混凝土停车场形成热污染且无绿化率。车辆在阳光下暴晒，导致车内温度高。除温度方面的负面影响外，混凝土铺面的停车场还有灰尘、粉尘等污染源，而且大量的雨水资源无法回收再利用。生态停车场是一种既能满足车载需要，又能改善生态环境的停车场。它的特点是用乔木形成绿荫和用透水材料作为地面铺装材料，有效缓解车内高温，节约空调降温消耗的能源，减少温室气体 CO_2 的排放。

根据科学数据计算，虽然生态停车场的经济效益将大大超过投入的绿化资金，但考虑到现实情况，不可能一刀切地要求所有停车场都实施生态化建设。为了明确体现工作导向，标准中规定，生态停车场（指有绿化停车面或绿化隔离线，或者使用生态型或环保型建筑材料修建的）面积达到70%，得20分；生态停车场、硬化或黑化地面（指水泥地面、沥青地面或平整石板地面）面积合计达到70%，得10分。

（三）管理与配套服务

休闲旅游基地停车场较普通的景区停车场又有其独特之处，一方面要满足随着旅游淡旺季更替而变化的停车服务要求，一方面要集中和疏散更多的车流量，这就需要有更规范科学的管理方法和手段。而且，为了满足休闲旅游者的自驾车营地服务要求，还要有适当比例的停车位能够提供供水、供电及排污等的自驾车营地配套服务。自驾车营地的发展

是随着国际露营运动以及自驾车旅游的发展应运而生的，它是自驾车旅游发展的必然产物，尽管现在还没有完全对应的概念，但基本上可以将其理解成为旅游者自驾车旅游提供相关的设施和服务的特定旅游功能区。从宏观上看，自驾车营地的建设关系到整个区域的旅游业合理布局，关系到能否综合协调发展的问题；从微观上看，自驾车营地的建设和管理不仅影响企业的建设投资和速度，而且还影响项目建成后的经营成本、利润和服务质量，以及休闲旅游者的满意度、忠诚度。由此可见，自驾车营地的管理和配套服务将成为越来越多的休闲旅游目的地建设过程中不可缺少的选择。

标准规定，休闲旅游基地停车场的管理应该规范科学，如果有30%以上的停车位能够提供供水、供电及排污等自驾车营地配套服务，可得10分。

三 公共厕所

公共厕所向来都是中国旅游发展过程中的大事，对休闲旅游基地来说，公共厕所的建设也非常重要。本部分共设置了40分。

《旅游区（点）质量等级的划分与评定》对不同等级景区的公共厕所建设包括布局、数量、标识、建筑造型、服务、卫生、整洁等内容作了规定。标准在充分借鉴这些规定内容的同时，力求能够根据休闲旅游基地的特质做到定量化程度更高一些。

（一）厕位总量

从目前实际看，休闲旅游基地要依托的4A景区在评定景区等级时，公共厕所都进行了改建和增建，景区内的厕所都能够达到要求。但是，基地的范围一般远远大于景区，除景区之外还包括大量的外围空间，在这部分空间范围内的公共设施没有得到关注。而这也是影响休闲旅游者方便程度的一个重要因素，所以，借鉴《旅游区（点）质量等级的划分与评定》，标准要求基地的公共厕位总量能够满足旺季游客需求。在考察总量要求时，主要将各种厕位总数与单日接待人次最高峰值进行比较。根据经验数字，一般这个比例应达到5‰，则可认为能够满足旺季游客需求，达到本项要求的，可得10分。

（二）布局空间

《旅游区（点）质量等级的划分与评定》中对A级景区的布局合理

也仅仅进行了一个定性描述，但至于什么程度可以算布局合理却没有明确界定。在本标准制定之前曾做过调查，确定了一个大致数字，规定休闲旅游者在任何地点步行 30 分钟范围内须设置有公共厕所。同时，为了保证人工环境和自然环境的和谐统一，要求公共厕所位置相对隐蔽但易于寻找，方便到达，并适于通风和排污。达到本项要求的，可得 10 分。

（三）厕所档次

《旅游厕所星级评定标准》对旅游厕所进行了非常详细的规定，包括厕所设计及建设、特殊人群适应性、厕位、洁手设备、粪便处理、如厕环境、标识及管理等。《旅游厕所星级评定标准》运行以来，对全国旅游厕所的建设起到了非常积极的作用，其指标设置也得到了认可。在休闲旅游基地的评定标准中没有必要再重新对厕所进行定级划分，只要按照实际情况规定一个比例给创建单位提供依据就可以了。根据实际情况，标准规定，三星级及以上厕所比例为 100% 的，得 20 分；70% 以上的，得 15 分；50% 以上的，得 10 分。

四　游客中心

游客中心，又称"游人中心"或"游客接待中心"，顾名思义，就是接待来访客人的地方，是旅游地区对外形象展示的一个主要窗口。大到一个城市，小到一个公园、一个景区都应该有自己的访客中心。随着《旅游景区（点）质量等级的划分与评定》出台的相关政策和景区提高服务质量的客观要求，游客中心的建设已逐渐被景区经营者和管理者所重视。游客中心作为一个新生事物，它给旅游事业带来了新的活力，将会成为展示旅游区文化、形象的窗口。本部分共设置 40 分。

（一）综合性游客中心

游客中心的设置起源于美国国家公园，后来世界上许多国家和地区的旅游经营者纷纷向其学习并对其进行改善，主要功能是向游客提供游览景区所必需的信息和相关的旅游服务。随着游客中心的不断发展和功能的不断完善，它所提供的服务种类正在日益增多。现在，国外的风景区大都有自己的游客中心并且功能完善，如美国黄石国家公园、大峡谷国家公园等；国内一些风景旅游区近年来也建设了一批游客中心，并且有一些著名景区已率先建成了与国际水平接轨的现代化游客中心，例如峨眉山、九寨沟、三峡等。

休闲旅游基地承担了比景区更多的功能，所以，标准要求休闲旅游基地至少应该设置 1 处综合性游客服务中心。达到本项要求的，得 20 分。

（二）服务点布局与接待能力

一般来说，影响游客中心选址的因素主要有以下几个方面：

首先，游客中心的选址要受景区游客容量布局的影响。一般游客容量相对集中的地点主要在景区的入口处，景区内部交通换乘处和重要的节点处。因此，游客中心也多坐落于此，便于向游客提供服务，使更多的游客了解景区及相关情况。

其次，游客中心的选址，应注意到水源、电能、环境保护、地理条件、抗灾等基础条件是否具备。因游客中心是人口聚集区，能源和安全保障尤为重要，同时应靠近交通便捷的地段，便于人流疏散。

再次，游客中心的选址应避开易发生自然灾害和不利建设的地段，同时还要分析检测所选位置的自然生态环境，应因地制宜，使游客中心与周围环境相互协调，尽量充分顺应和利用原有地形，最大限度地减少对自然环境的损伤或改造。

最后，游客中心的选址应选择地势平坦、面积较大、空间开阔的地方，使其能够容纳大量的游客和车辆。游客中心是基地主要的服务场所，集信息发布、风景展示和对客服务三大功能于一体。游客中心往往会聚集大量人群，所以，应具备一定面积的空旷的广场，这不仅便于人群出入和疏散，而且利于旅游车辆的停放。但是也要根据基地的具体情况而作适当的调整，例如对于基地内一些景观较为密集或以山地风光为主的旅游区，缺乏平坦广阔的地块，可以降低采用相邻设施来代偿或补救，也可以采用分散的点状布局形态，集小为大加以解决。

不同类型的休闲旅游基地，对游客中心的设置要求是不一样的，在标准中难以作出统一规定，因此，无论如何设置，标准要求基地的服务点布局合理，数量与接待能力相匹配。达到这项要求的，可得 10 分。

（三）游客中心的功能

游客中心的服务可分为硬件和软件两部分，硬件部分主要是指服务设施，软件部分主要是指服务质量。

游客中心主要为游客提供住宿、餐饮、导游、娱乐等综合性服务，是以集旅游接待、形象展示、游客救助、会议展览推广等综合业务于一体的综合性服务区。不仅可以为来当地休闲的游客提供旅游信息咨询、旅游产品展示、游客集散、购物休闲等多功能服务，为旅游业的快速、健康、有序发展提供保障，而且，也为商务考察提供了良好的接待环境。具体地讲，作为休闲旅游基地对外管理的主窗口，游客中心具体服务内容根据各基地的实际而有所差异。一般来说，游客中心包括如下职能：散客接待、团队接待；导游服务；旅游咨询；旅游商品销售；失物招领；物品寄存以及医疗服务、邮政服务、残疾人设施提供等。

因此，标准规定，游客服务中心应该提供与休闲旅游相关的咨询辅导、预约预订、展示、医疗等综合性服务职能，服务点应至少提供咨询服务。达到本项要求的，可得 10 分。

五　标识标牌

本部分所指的标识标牌指的是休闲旅游基地内部的休闲旅游标识标牌，主要包括导游全景图、导览图、标识牌、景物介绍牌等。本部分共设置 40 分。

休闲旅游基地依托于一家以上的 4A 景区，从景区本身来说，导游全景图、导览图、标识牌和景物介绍牌一般都符合相关标准规定，也能满足游客的休闲旅游需求。《旅游区（点）质量等级的划分与评定》对标识的造型特色、艺术感和文化气息、设置等作了规定。标准充分借鉴了这些规定，结合休闲旅游基地的特质作了以下要求。

（一）标识标牌的类别

如前所述，休闲旅游基地已经远远超出单个景区的范畴，我们希望休闲旅游基地能像一个景区那样整体发展，所以，4A 乃至 5A 的服务应该延扩到整个基地。由此，我们对整个基地范围而非单个景区范围内的全景图、导览图、标识牌以及景物介绍牌四大类标识标牌进行了以下规定：

导游全景图（指位于基地主入口处，正确标识主要景点及旅游服务设施位置的图示）、导览图（指处于基地内交叉路口，标明现在位置及周边设施的图示）、标识牌（指基地内引导方向或方位的指引标志）、景物介绍牌（指介绍主要休闲景点、景观或相关展示内容的介绍说明牌）四大类标识标牌系统、全面。每少一大类扣 5 分，每缺一处扣 1

分。总计 20 分。

（二）公共信息图形符号的设置

《旅游区（点）质量等级的划分与评定》对公共信息图形符号基本沿用公共信息图形符号第一部分——通用符号（GB/T 10001.1）的要求，随着景区等级的增高，对其设计、特色等提出了一些定性要求。但是，标准不能不考虑实际情况，从目前休闲旅游发展的阶段来说，对各种图形符号还是应该以规范为主，在规范的基础上，鼓励进行创新。规范的前提是不能出现常识性错误，因此，标准对公共信息图形符号援引了公共信息图形符号第一部分即通用符号（GB/T 10001.1）和标志用公共信息图形符号第二部分即旅游设施与服务符号（GB/T 10001.2）并提出以下要求：

公共信息图形符号应符合 GB/T 10001.1 和 GB/T 10001.2 的要求。达到此项要求的，可得 10 分；每发现一处错误，扣 1 分。

（三）标识标牌的维护

考虑到休闲旅游基地已经远远超出一般景区的范围，对公共休闲空间内的标识标牌维护将成为基地日常管理的一项重要工作，所以，借鉴《旅游区（点）质量等级的划分与评定》，标准对其维护更新进行了以下要求：

维护更新及时、到位，无脱落、腐蚀、误导等现象。达到此项要求的，可得 10 分；每发现一处错误，扣 1 分。

六　其他公共设施

公共设施是指为休闲旅游者提供公共服务的物质工程设施，是用于保证休闲旅游活动正常进行的公共服务系统。除以上对交通、停车场、厕所、游客中心、标识标牌等以外，供水、供电和垃圾处理等也是必不可少的，它们是保证休闲旅游活动得以顺利进行的前提条件。在《宁波市休闲旅游基地评分细则》中，本部分共设置了 40 分。

《旅游区（点）质量等级的划分与评定》对通讯、邮政、银行等设施都作了比较细致的规定。以邮电服务为例，该标准对 5A 级景区的要求是：提供邮政及邮政纪念服务；通讯设施布局合理，出入口及游客集中场所设有公用电话，具备国际、国内直拨功能；公用电话亭与环境相协调，标志美观醒目；通讯方便，线路畅通，服务亲切，收费合理；能接收手提电话信号。对 4A 级景区的要求是：提供邮政或邮政纪念服务；通讯设施布局合理；游客集中场所设有公用电话，具备国内直拨功能；公用电话亭与环境基本协调，标志醒目；通讯方便，线路畅通，服务亲切，收费合理；能接收手提电话信号。

这些规定非常细致，同时也反映了标准制订的时代特征。随着社会公共事业的快速发展，许多原先看来非常必要的条件，现在也不是非有不可了。在通讯方面，根据有关调查，随着多年来移动通讯的迅速发展，成年游客基本可以做到人手一部手机，景区设置的 IC 卡电话等使用率非常低，如果再要求休闲旅游基地设置的话，将造成社会资源的巨大浪费。在邮政、商务中心等方面也存在类似的现象。考虑到实际情况，不如对其进行笼统的规定，由基地根据自身情况决定。因此，标准对休闲旅游基地的其他公共设施包括供水、供电、垃圾处理、邮政、银行、通讯等进行了以下规定：

供水充足，所有生活饮用水的水质符合 GB 5749 的要求，得 5 分；所有景观娱乐用水的水质符合 GB 12941 的要求，得 5 分。

设有集中的垃圾中转站且每日清运，得 10 分；建有污水处理系统，污水排放符合 GB 8978 的要求，得 10 分；建有中水处理设施，处理后水质符合 GB/T 18920 和 GB/T 18921 的要求，得 10 分。

供电充足，重要设施采用双回路供电，得 5 分；公用电话数量充足，设置合理，得 5 分；手机信号覆盖全面，得 5 分；邮政、银行、商务中心等设施能满足基本需求，得 5 分。

第四节 产业要素

产业要素集聚是近年来最为吸引理论界和地方政府眼球的概念。过去对产业要素集聚的研究主要集中于区域的制造业或工业，后来，人们慢慢发现，服务业中实际上也存在非常明显的要素集聚现象，如银行业、百货商店业、IT 业等。由于认识到旅游业的发展对地方经济的拉动作用，各地都不遗余力地出台各种政策以提升当地的旅游竞争力。在旅游业发展过程中，产业要素集聚更是成为实践和研究的热点。

休闲旅游产业关联度高、产业链条长，因此，现实中在某一特定区域内，存在为旅游者提供直接、间接和引致服务的休闲旅游企业围绕核心吸引物在目的地大量聚集的现象。国内目前有很多旅游区域，已形成从景区景点的旅游吸引物到住宿接待、娱乐购物、咨询交通等一系列配套联系的企业群体。在环渤海旅游圈，在珠三角、长三角旅游圈，在大武陵源区，在中部古都区域和古丝绸之路旅游带，在广西和云贵高原旅游区，都很容易找到这种旅游企业"扎堆"，然后提供"一揽子旅游产品"的现象。这是由休闲旅游产业的特性和空间条件所决定的。

从产业特性来说，首先，休闲旅游产业具有较长的产业价值链，产品存在技术可分性；其次，旅游产品存在丰富的差异化机会；再次，旅游产业所构成的行业之间的关联度很高，容易产生结网效应；最后，旅游产品的创新要求高，如果没有创新的产品，旅游企业就失去了生命之源。所以，旅游特性可以满足要素集聚的产业特性要求。从空间上来说，空间具有非均质性，不同的空间具备不同的生产经营条件。旅游产业要素的集聚，要求空间具备良好的生产经营条件，从而提高经营效率，节约交易成本。休闲旅游产业首先具备充足良好的自然条件与要素禀赋，充足的市场供需条件与市场结构，优质的地方公共产品，所以，在很大程度上，休闲旅游产业也满足了要素聚集的空间条件要求。

但是，同时满足产业特性和空间条件的要求并不意味着旅游要素天然可以集聚，更不意味着休闲旅游产业可以集群化发展。在标准制订过程中，无意过多讨论休闲旅游基地产业要素的集聚机制，这是一种学术上的纯理论探讨，偏离了标准制订的原定目标。但是，作为影响要素集聚内在机制的重要因素，产业要素建设的结果也对休闲旅游基地本身的发展产生了重大影响。从实际出发，标准对休闲活动、住宿、餐饮、购物等要素进行了大体的规定。

一 休闲活动

作为休闲旅游基地的灵魂，休闲活动在基地发展过程中有着不可替代的作用。本部分共设置了80分，分别对休闲活动的内容和特色、休闲活动设施及公共休闲空间进行了规定。

（一）休闲活动的内容和特色

现代社会中的休闲有两方面含义：一是消除体力的疲劳；二是获得精神上的慰藉。从更高一个层次上说，休闲是通过人类群体共有的行为、思维和热情，创造文化氛围，传递文化信息，构筑文化意境，从而达到个体身心和意志的全面、完整的发展。休闲产业是以创造和发展人的生理健康与心理健康的活动方式为目的的，然而由于社会缺乏有效的引导机制和强有力的制约机制，在中国个别地区、个别群体中，以赌博为目的的棋、牌、球等各类所谓"休闲活动"的发展异常迅速，并且一些地方还出现了赌、食、居相配套的半隐蔽性的经营场所。社区和周边的一些居民以此为"休闲活动"，造成了不良的社会影响。虽然一些人从中获得了"休闲"，但社会却付出了沉重的代价。这些休闲错位现象或休闲误区，恰好说明了建立文明的休闲业以引导健康休闲的必要性。

休闲活动分为积极休闲活动、消极休闲活动和有害休闲活动。积极休闲活动至少有三个标准：益智、健身、陶冶情操。那些懒懒散散、无所事事的休闲活动，虽然不能益智、健身、陶冶情操，但对己对人也无害，就是消极的休闲行为。而如果是损智、伤身、腐蚀心灵的休闲活动，就是有害的休闲行为了。

休闲活动不仅具有吸引公众、旅游者、新闻媒介的关注，塑造行业、区域旅游业形象，消除消极影响，发展良好主客关系的公关活动功能；而且对于休闲旅游业来说其本身就是一项增加旅游收入，开发旅游经济新增长点，促进休闲旅游业持续均衡发展，规避国内外区域性危机对休闲旅游业所构成的不良影响，增加就业，带动相关产业迅速发展，鼓舞当地人民士气，使休闲旅游基地跻身于重要的休闲旅游目的地行列的标志性休闲旅游项目。因此，标准对休闲活动作出以下要求：

休闲活动涵盖运动、文化、疗养、游戏等方面，能够满足多层次休闲旅游的需要，得10分；有招牌性的特色休闲活动，得10分；有夜游项目，得10分；有旅游节庆活动，得10分。

（二）休闲活动设施

任何休闲活动的顺利进行都依赖于一定体量和种类的休闲活动设施。休闲人群多种多样，因此，在休闲旅游基地的发展过程中，需要不同的休闲活动设施以满足人们对活动的要求。从整体上看，活动设施的种类越多，人们从每种活动中所获得的边际休闲效应就越大。再考虑到天气、类型、人群等不同因素的影响，标准对户外和室内的休闲活动设施作出以下要求：

户外和室内休闲活动设施均达到五小类以上的，得10分；每多出一类，得 2 分；最高 10 分。

借鉴《旅游度假区等级评定标准》，标准对户外和室内休闲活动设施的种类进行了划分（见表 5—1 和表 5—2）。

表 5—1　　　　　　　　　　　室内休闲度假设施类型统计

序号	大类	小类
1	歌舞休闲类	夜总会类、歌舞观赏类、卡拉 OK 类
2	文化休闲类	博物展陈类、图书类（如阅览室、书店等）、手工艺制作类型、影剧音乐类、茶酒吧类
3	疗养康体类	温泉类、SPA 类、按摩康体类、疗养类（如中药保健等）
4	游戏休闲类	棋牌类、游艺类、互联网类
5	运动健身类	游泳嬉水类、保龄球类、网羽乒球类、篮排球类、台球类、壁球类、攀岩类、射击类（包括射击、射箭、飞镖等）、冰嬉类

表 5—2　　　　　　　　　　　户外休闲度假设施类型统计

序号	大类	小类
1	休闲放松类	温泉类、垂钓类、农业参与类
2	主题游戏类	主题游乐园、军事游戏类、探险游戏类、狩猎游戏类
3	运动健身类	游泳嬉水类、船艇运动类、潜水类、滑水类、漂流类、高尔夫球类、棒垒球类、手足篮排球类、网球类、门球类、登山攀岩类、骑行类（如骑马、山地车等）、冰嬉类、滑雪类、嬉雪类、旱冰类、跳伞滑翔类、走跑类（需设有步行慢跑专用道）

（三）公共休闲空间

随着社会生活工作节奏的加快，人们在面临学习、生活与工作压力时，总是渴望能找到一片休闲场所来减轻这份压力，放松一下自己，融入自然的生态环境、优美的公共休闲空间去享受那一份宁静与轻松。同时，人们也希望能在公共休闲空间中与他人交往、沟通，结交朋友，或锻炼身体，或聊天闲谈，或携家散步，或驻足观赏。所以，公共休闲空间能为居民提供一个缓解工作压力、和睦近邻亲朋关系、观赏休闲娱乐的重要场所。它的出现是现代城市居民追求精神生活的必然结果。

公共休闲空间，是随着社会的发展与进步，以及人们在一定的物质文明基础上追求精神文明需求的必然结果。基地中的公共休闲场所给居住在喧嚣熙攘环境中的居民和游客带来了精神的惬意和物质的享受。同时，公共休闲空间又是基地建设的一大亮点，对于提升休闲旅游基地的文化品位，树立独具特色的休闲旅游基地形象具有不可复制的重要作用。

为了满足人们的休闲需要，公共休闲空间一般设有地面空地、绿地、道路、水池、喷泉、座椅、健身器材等。这些要件需通过合理的设计布局才能为居民提供一个接近自然的理想的活动场所。空地、绿地和道路是城市公共休闲场所的主要构成要素。空地作为城市公共休闲空间的主体，是体现场所空间感，营造宽阔视野的最为重要的元素，也是居民交往互动的主场所。绿地是城市居民融入自然，与花鸟植物亲密接触的直接场所。道路在空地与绿地间穿梭，具有往来交通的作用，同时又创造了一种曲径通幽的韵味。

公共休闲场所的功能不仅体现在其各要素上，还需在与旅游景区的比较中得以明确。旅游景区与公共休闲空间共同构成休闲旅游基地的重要部分，但旅游景区与公共休闲空间在功能上是存在区别的。旅游景区是休闲旅游基地的重要依托，它的存在意义主要在于其经济性，人们进入其中休闲，需要有一定的游览目的，并付出相应的货币，而公共休闲空间则散布在旅游景区周边，是休闲旅游基地留给人们的另一片宁静的休息场所，人流量比旅游景区小。

鉴于不同的休闲旅游基地的资源、市场需求等都不一样，标准不对公共休闲空间的设计进行详细要求，只规定休闲旅游基地必须具备一定的公共休闲空间，且休闲氛围浓厚。考虑到本项要求的重要性和难度，达到本项要求的，可得 20 分。

二　住宿

休闲旅游迥然不同于观光旅游的一个重要特点就是游客的过夜比例增加。作为休闲旅游基地建设的重要一环，住宿部分设置了 60 分。

在一般概念中，"旅游"往往针对远地市场而言，而"休闲"总是针对近地市场而言的，所以，休闲市场的主体是周边居民。但是，休闲旅游基地中的"休闲旅游"指的是以休闲为目的的旅游，它是针对"观光旅游"而言的。所以，休闲旅游基地接待的游客能够停留下来，能够驻足欣赏，让心灵放松。由此，休闲旅游基地需要有一定的住宿、餐饮、购物等接待设施。

（一）总床位数

在必备条件中，标准已经规定，休闲旅游基地至少包含一家 4A 以上的景区，因此，休闲旅游基地每年接待的休闲旅游者将超过 50 万人次。以 20% 的休闲旅游者需要过夜来计算，每年的过夜游客将超过 10 万人次。考察宁波市现有饭店客房 60% 的出租率，每个休闲旅游基地的总床位数不应少于 500 张。对大体量的休闲旅游基地来说，总床位数则更多，如溪口、东钱湖旅游度假区等。因此，标准对基地的总床位数进行了以下规定：

总床位数达到 1000 张，得 20 分；达到 500 张，得 10 分；不足 500 张的，每少 10% 扣 1 分。

（二）星级结构

在床位总数确定之后，应继续考虑住宿接待设施的星级结构。从总体上看，毫无疑问，任何地域的饭店星级结构都应该与当地的客源市场结构相匹配，从来也没有一个适合一切地方的饭店星级结构比例能够指导休闲旅游基地的住宿设施建设。但是，一般来说，高等级饭店远远突破了住宿功能的概念，除客房外，餐饮、娱乐等功能非常突出，其功能性总是强一些。考虑到高等级饭店的辐射带动作用对发展初期的休闲旅游基地非常重要，标准对三星级及以上标准的住宿接待设施进行了一个比例的要求，规定：三星级及以上标准的住宿接待设施达到总量 50% 的，得 20 分；达到 30% 的，得 10 分。

（三）住宿设施类型

同时我们也深知，有特色的饭店接待设施不一定会纳入星级饭店管理体系之中，这种特色饭店产品包括饭店产品在设计、质量、文化等多方面其属性有独特的内涵，能够有助于形成产品竞争力的饭店产品。其产品的特色可以说是产品所赖以生存的要素。

特色饭店产品，相比于一般的饭店产品而言，具有自身独特的设计特色，能在视觉等外观感觉上引起消费者的好感和共鸣，便于树立一个独特的产品形象，并在消费过程中逐步深入地了解其独特的品质。相对于标准化的饭店产品，特色饭店产品的优势则体现在产品的差异化上，能依靠自身与众不同的特色满足消费者的个性化需求，从而达到令消费者超额满意的效果。其中比较典型的如台湾的民宿。如果在休闲旅游基地中能有大量的特色饭店出现，毫无疑问将增强休闲旅游基地的生命力。为了鼓励特色饭店的发展，标准规定非星级住宿接待设施，每有一种类型得 5 分，最高 20 分。

三 餐饮

餐饮是休闲旅游基地整体产品中的一部分，餐饮服务质量是基地服务质量的体现。在传统的旅游六要素"吃、住、行、游、购、娱"中，"吃"排在第一位，可见，餐饮业在整个休闲旅游基地服务中占有非常重要的地位。它是基地向休闲旅游者提供优质服务的基础和保障，也是弘扬基地饮食文化，扬名地方特色餐饮的极好的宣传窗口。从实际情况看，餐饮发展的重要性甚至远远超过其他各项要素的重要性。在《宁波市休闲旅游基地评分细则》中，餐饮部分设置了 40 分。

（一）餐位数

根据必要条件对休闲旅游基地每年达到接待 50 万人次的要求，平均每天最少接待 1370 人。根据调查，考虑宁波休闲旅游接待的淡旺季差别以及翻台率、就餐率等因素，餐位数达到 1000 个就基本能够满足休闲餐饮需求，并在市场需求淡旺季之间保持相对平衡。在这种情况下，考虑到不同体量的休闲旅游基地接待人次的区别，标准规定，总餐位数达到 2000 个，得 20 分；达到 1000 个，得 10 分。但是，如果少于 1000 个的话，在旺季接待数倍于平均接待量的餐饮需求情况下，餐馆接待能力就会不足，因此，标准规定，不足 1000 个的，每少 10% 扣 2 分。

（二）餐饮档次与服务时间

与住宿接待设施一样，任何地域的餐饮档次结构都应该与当地的客源市场结构相匹配，因此标准规定休闲旅游基地应具备高中低各种档次的餐饮设施。由于餐饮企业往往很难像住宿设施特别是高等级饭店那样具有一定的综合性功能，标准未对餐饮企业的档次进行要求。同时，考虑到休闲旅游者与观光旅游者的需求区别，作为具有浓郁休闲氛围的旅游目的地，特别要求基地应能够提供全天候餐饮服务。达到此项要求，可以得 10 分。

（三）食品卫生

"吃、住、行、游、购、娱"中的"吃"首先应该是旅游者为了满足生理需要而进行的旅游消费活动。对于旅游者来说，"食"的最基本要求就是能满足吃饱的需求,同时保证旅游者的饮食安全。但是,SARS、苏丹红、禽流感的出现,以及集中爆发的国内蔬菜、瓜果、肉类、奶类等食品质量安全问题等,使人们对食品的安全性产生了恐慌,特别是对刚到旅游目的地的休闲旅游者来说,本身对陌生的环境就有一种不安全感,他们对于餐饮的安全性要求高于其他的消费者。因此,提供安全的食品是餐饮企业必须做到的,只有在餐饮企业提供了安全营养的食品,不引起这样那样的食源性疾病后,旅游者才可以顺利进行休闲旅游活动,达到休闲目的。总之,餐饮企业要开发旅游餐饮,食品安全是最起码也是最重要的一环。因此,标准规定,休闲旅游基地的食品卫生应符合国家规定,器具使用健康环保。达到要求的,可得 10 分。

四　购物

对于休闲旅游产业的发展来说,购物的作用是非常重要的,特别是购物的开支,是休闲旅游者自己主动的选择,其弹性空间非常大,从一定意义上来说,则是无限的。所以,休闲旅游业对基地乃至基地周边地区的经济贡献,在很大程度上由购物来决定,购物有着巨大的发展潜力。因此,长期以来,世界上旅游业发达的国家和地区都十分重视发展休闲旅游购物,以期最大限度地扩大收入。本部分共设置 40 分,对购物场所、商品种类及特色和旅游购物场所的管理进行了要求。

从目前来看,旅游购物是传统旅游业发展中的一个薄弱环节,而且从现有统计资料来看,旅游购物收入在整个国家旅游收入中的比例还呈现不断下降的趋势。因此,需要把促进旅游购物发展放在重要的位置上。根据许多学者的研究,所谓休闲购物是指休闲旅游者为了休闲或在休闲活动中购买各种实物商品的经济文化行为,它不仅包括专门的购物旅游行为,还应包括休闲旅游中一切与购物相关的行为总和。但不包括任何一类游客出于商业目的而进行的购物活动,即为了转卖而进行的购物行为。

休闲旅游购物并不是简单的商品购买,它是一项复杂的经济、文化、社会活动,活动主体是休闲旅游者,活动地点是休闲旅游基地的购物环境,活动的客体是休闲旅游商品,这三点构成了休闲旅游购物的核心要素,缺一不可。《旅游区(点)质量等级的划分与评定》(GB/T 17775—2003)对不同等级旅游景区购物场所的布局、建筑造型、管理、环境、从业人员、商品种类等都进行了规定，标准充分借鉴了这些内容，并进行了进一步的量化规定。

（一）购物场所

旅游购物环境是旅游购物系统中的重要部分，对旅游购物活动起着支持作用。良好的购物环境能激发旅游者积极的情感从而增加在购物场所停留的时间、花费，也会使旅游者增加对购物商店的喜爱而产生意想不到的购买力。标准将购物场所分为专设的旅游购物场所、在普通商场内设有旅游商品专柜以及一般的经营摊点三大类，毫无疑问，这三类购物场所的建设难度及对休闲旅游者的购物感受是不一样的。标准分别规定：

有专设的旅游购物场所，得 20 分；在普通商场内设有旅游商品专柜，得 10 分；只有一般的经营摊点，得 5 分。

（二）商品种类及特色

休闲旅游购物品的特色化是吸引旅游者购买的最主要因素。强化当地旅游购物品的个性化和特色化，有选择地对这些特色进行保存和增强对当地旅游购物品的开发具有相当重要的意义。标准规定，旅游商品种类在 10 种以上，且本地特色旅游商品在 5 种以上。达到此要求的，可以得 10 分。

（三）旅游购物场所的管理

政府对旅游购物市场的监管主要是通过旅游、工商、公安司法等多部门的综合执法手段，配以媒体等辅助方式，对旅游购物市场实施有效的监管。首先，旅游局应加强对旅游购物商店、销售点的管理，对旅游购物商店、销售点不讲诚信的经营行为，旅游局应及时地公开曝光；其次，工商行政部门应严格审查旅游购物经营者的经营资格，监督其经营行为，对旅游购物投诉事件要及时处理，对构成违法的行为要配合公安司法部门进行查处；最后，公安司法部门应做好法律监督工作，对已构成违法行为的旅游购物宰客行为要认真及时查处，严厉惩处违法经营者。旅游购物市场的监管是复杂的政府行为，标准无法对过程进行严密准确的规定，但是，所有的管理都是为了维护购物场所的良好秩序，因此，标准对监管结果进行了规定：

对购物场所进行集中管理，环境整洁，秩序良好，无围追兜售、强卖强买现象。发现一处管理不当的情况，扣 2 分。

第五节　管理与服务

如前所述，休闲旅游代表的是旅游产业未来的发展方向，但尚处于供给决定需求的市场导入阶段，作为新生事物，它的发展必然需要政府的支持，政府组织的管理对休闲旅游基地发展来说尤为重要。所以，作为申报休闲旅游基地的必要条件，在一般条件中单独设置了"管理和服务"一项，共180分，以体现对这一机构的要求，分别对综合管理、安全管理和游客服务作出了具体规定。

一　综合管理

为了鼓励休闲旅游基地建设，管理服务要跟上市场发展需求。综合管理部分共设置了80分。

休闲旅游基地是一个人地协调共生的地域单元，是人们追求游乐、休闲或其他多种旅游体验的场所，大量的旅游者、旅游从业者和目的地地区的居民是形成旅游环境氛围的根本性要素；英国学者布哈里斯（D. Buhalis）从区域管理的角度强调了目的地管理对于目的地发展的重要性，一个目的地的健康、有序和可持续发展离不开一个系统规范的旅游业规划与管理政策司法框架，没有专业化的旅游行业管理和旅游地域管理，不可能形成规范运行的休闲旅游基地。

（一）管理机构

管理机构绝不仅仅是挂一块牌子、发一个文件、腾一间办公室那么简单，管理机构的建立意味着对休闲旅游基地发展思路的确定和认可。如果没有一个统一的管理机构，休闲旅游基地则可能出现多头管理、多头约束，从而难以实现低成本开发和综合效益的提升。所以，在休闲旅游基地成立初期，管理机构意义十分重大。

对于一个正式的休闲旅游基地管理机构来说，承担的职责可谓千头万绪，其职责随着机构的任务、环境及发展阶段不同而不同。但无论如何变化，至少休闲旅游统计、休闲旅游安全和休闲旅游质量管理（包括行业管理、休闲资源普查、形象策划营销、产品开发等）三种职责是必不可少的，这是旅游行业管理部门的三种基本职责。因此，标准要求，休闲旅游基地的管理机构应健全，设有3名以上的专职管理人员，配置合理，责任明确。达到此项要求的，可得 20 分。

（二）经营管理制度

休闲旅游基地作为一个依托 4A 级景区的休闲旅游区块，创建的重要意义之一是将 4A 级景区的各项规范化管理覆盖到周边能够对其形成互补性的区块，从而使休闲旅游者能够享受到更广泛的休闲服务。休闲旅游基地在创建过程中，应迅速建立各项经营管理制度。因此，标准规定，在休闲旅游基地中，旅游质量、旅游安全、旅游统计等各项制度应健全有效。达到此项要求的，可得 10 分。

（三）监测机制

休闲旅游业的发展必须以旅游资源与环境的保护为前提。应积极实施可持续发展战略，把发展旅游业的目标与立足点建立在保证满足当代和未来的旅游需要上，并以这种思想观念为指导，做好旅游资源与环境保护的各项具体工作。

休闲旅游基地应在认真贯彻落实国家文物保护法、环境保护法和《关于加强旅游区环境保护工作的通知》等政策法规的同时，进一步建立、健全休闲旅游基地建设的生态与环境保护可行性论证和总体规划制度、各项建设的审批制度、生态环境监测、监督制度等。因此，标准要求，休闲旅游基地应对资源开发和环境保护设有相应的监测机制，能够有效预防破坏行为。达到此项要求的，可得 10 分。

（四）投诉制度

休闲旅游基地为顾客提供吃、住、行、游、购、娱等各种休闲产品，作为一个复杂的整体运作系统，每天要面对着形形色色的休闲旅游者千差万别的服务需求。休闲旅游产品作为典型的服务产品，生产和消费的同一性特征，往往使服务过程中会产生许多不可预见的情况。当旅游者在消费休闲产品时，认为所付出的费用与得到的服务不相符或是没有达到预期的效果时，投诉就产生了。因此，无论休闲旅游基地的服务质量有多么出色，都不可能使休闲旅游者百分之百的满意，也不可能使百分之百的游客满意。所以，休闲旅游者的投诉是不可能完全避免的。

休闲旅游基地应当正确认识旅游者的投诉问题，应该在制度、人员以及设备方面保证投诉能得到正确处理，这对休闲旅游基地的建设和水平提升具有重要的意义。因此，标准规定，休闲旅游基地应做到投诉制度健全，人员落实，设备专用，投诉处理及时、妥善。达到此项要求的，可得 10 分。

（五）游客管理体系

游客管理是指旅游主管部门或机构通过运用科技、教育、行政、经济、法律等各种手段阻止和管理游客的行为过程。游客管理的目标是，在不破坏旅游地资源环境质量的前提下，最大限度地满足游客需求和提供高质量的游客体验，同时实现旅游地经济、社会和环境三大系统的可持续发展。游客管理有助于管理部门更加全面、深入地了解现有和潜在的游客需求偏好，建立科学的管理决策机制，提高管理水平。

加拿大著名的环境规划专家 Paul F. J. Eagles 教授在预测旅游景区未来发展趋势时指出，在 21 世纪，景区的增长可能会减慢，可能只会建造少数的新景区，全世界将会从景区建设阶段转向长期的景区管理阶段。对任何一个旅游目的地而言，规划建设的过程都是暂时性的，未来的工作重心必定会转移到旅游目的地的日常管理中来，而游客管理作为休闲旅游基地管理的重要组成部分，是成功保护基地生态、经济和社会文化价值的一个关键。因此，对休闲旅游基地来说，游客管理与休闲旅游可持续发展具有密切的关系，意义重大。

所以，标准规定，休闲旅游基地应具有科学的游客管理体系，能够实现有效的疏导与调控。达到此项要求的，可得 10 分。

科学的游客管理体系至少包括以下部分的内容：首先，完备的旅游者信息发布系统，通过电子信息、报纸杂志、电视电影等媒介向休闲旅游者发布基地的各项休闲旅游信息，做到源头控制，使旅游者休闲出行从一开始就有序。同时，通过休闲旅游基地内各出入口、主要路口等休闲旅游者必经的道路旁边设置有中央控制系统的电子显示屏、播音器等设施，向休闲旅游者提供基地内外各区块的相关信息，便于休闲旅游者及时调整目的区块。其次，科学的信息预测系统。通过建立与传统旅游统计体系不同的、适合休闲旅游基地的统计指标体系，并同时建立分析方法和模型，经常性地对休闲旅游者流向进行科学系统的分析，从而可提前进行判断和准备。再次，先进的即时监控系统。对休闲旅游者的即时旅游行为进行监控，这种监控可以通过在主要节点和旅游区布置摄像头来实现。最后，顺畅的休闲旅游者疏导体系。当基地某区块休闲旅游者过多，或者出现紧急情况，应该马上对休闲旅游者进行疏导，疏导体系包括各种状态下的应急预案。这种预案主要用来处置各种突发情况。

二 安全管理

安全问题是旅游发展中的头等重要问题。对于休闲旅游者来说，休闲旅游基地安全是提高游客满意度的重要保证。根据马斯洛需求层次理论，安全需要是仅次于生理需求的基本需求。休闲旅游对于人们来说，属于较高层次的享受需求和发展需求。要想使高层次的休闲活动需求得到满足，提高游客的满意度，就需要有安全保障作为基石和先行条件。对于休闲旅游基地来说，安全是保证休闲旅游活动顺利进行，并获取良好经济效益的前提。虽然经营目的各有不同，但都要在确保各项休闲旅游活动正常运行的情况下来达到。事故的发生无疑会给休闲活动的正常开展带来不同程度的影响，如直接的经济损失，较长时间内游客量的大幅度减少，信誉和形象的破坏，更严重的是可能直接使基地的发展毁于一旦。根据经济学中的"木桶原理"，即木桶容量的大小并不取决于最长的那根木条，也不取决于平均长度，而是取决于最短的那根木条。若某一要素极端恶劣，其副作用足以抵消其余要素的全部正效应，就会出现服务业常提到的 $100 - 1 = 0$ 的效果。因此，不管哪个方面出现安全问题，都会对休闲旅游基地整个休闲旅游产业产生影响。

在必要条件中，标准只是笼统地规定了各项设施安全措施有效、近两年没有发生过重大旅游安全事故。这是从历史的角度看待安全问题的。为了确保休闲旅游基地的健康有序发展，标准对休闲旅游基地的安全管理进行了规定。规定主要包括安全保卫制度、设施设备、突发事件处理等不同方面。本部分设置 60 分。

（一）安全保卫制度

上文曾提到，休闲旅游基地各项制度应完整有效，其中当然包括安全保卫制度。本处再一次将安全管理单列，也是因为旅游安全的特殊重要性所决定的。休闲旅游安全的制约因素比较复杂，从实际情况看，政策、法规不完善或执行不力是明显的制约因素之一。这主要表现在三个方面：第一，旅游政策、法规相对于经营实践的滞后性。一些颇受休闲旅游者欢迎，安全性又较高的特殊旅游项目未能纳入安全管理范畴，至今尚无相关法规对其予以规范管理。第二，安全管理政策在实际中贯彻得并不彻底。虽然国家旅游局有相关规定，但尚有为数不少的旅游景区甚至连专门的安全管理人员都没有。第三，由于管理法规、措施相对于经营时间的滞后性，有一些新兴的休闲项目尚未及时纳入安全管理范畴，至今游离在安全保卫制度之外。从这三个方面出发，标准规定，休闲旅游基地的各项安全保卫制度必须完整有效，各经营场所治安状况良好，认真执行相关部门颁布的安全法规。达到此项要求的，可得 20 分。

（二）安全防护设施

安全防护设施是减少旅游安全事故的最关键部分，《旅游区（点）质量等级的划分与评定》对安全防护进行了比较细致的规定，引导休闲旅游基地将 4A 以上景区的安全措施要求扩展至景区以外的基地其他空间，这是创建基地的一大初衷。标准援引《旅游区（点）质量等级的划分与评定》对 4A 景区的要求，对休闲旅游基地的安全防护设施规定如下：

在危险地带设置的安全防护设施齐全有效，游乐园安全防护符合 GB/T 16767 要求，得 5 分；室内户外的消防、防盗、救护等设备齐备、完好、有效，得 5 分；安全警告标志、标识齐全、醒目、规范，得 5 分；设有游客专用的医务室，并配专职医护人员，并备有一定的医护设备，得 5 分。

（三）突发事件处理和灾害预警

旅游安全，从整个社会的旅游者总数与旅游事故发生的概率来看，也许是个小概率事件，但对于因此受害的旅游者来说，却是大概率事件，且一旦发生，后果可能是灾难性的。如果处置不当，既损害旅游者权益，又会影响休闲旅游基地的整体形象。只有做好灾害预警机制，才能避免出现较大程度的伤害；只有做好突发事件处理预案，才能在事故出现之后处理问题有条不紊，避免更大程度的损失，人民群众才能更加满意。而且，做好突发事件处理预案和灾害预警机制，还可以发现事先预防所存在的不足，以完善事先预防制度，使其更具实效性。

休闲旅游活动覆盖了景区以外的更广泛区域，因此，对基地的突发事件处理和应急预案的要求更高。应该大力完善安全救助应急系统，休闲旅游基地内应组建一支健全的抢险和医疗应急反应队伍，并开展一系列服务活动，如运送紧急药品，紧急就地处理，及时送往医院并安排需住院的游客入住，入院后的追踪服务，尽快与游客亲友进行联系等。配备专门设备如紧急电话专线、救护车等，加强事故发生后的应急营救能力，以便将损失减少到最低程度。

经过调研，标准要求，休闲旅游基地应具有突发事件处理预案和灾害预警机制，应急处理能力强，能够提供全天候安全救助。达到此项要求的，可得 20 分。

三　游客服务

（一）导游讲解服务

对于休闲旅游基地来说，游客的主要目的是休闲而非观光，虽然知识性游览也包括其中，但心灵放松才是主要的。《旅游区（点）质量等级的划分与评定》对导游服务的要求基本也援引了 GB/T 15971—1995 中 4.5.3[①] 和第 5 章[②]的要求，鉴于已有标准已规定的非常细致，本标准沿用其内容，要求导游服务符合 GB/T 15971 的要求。另外，鉴于休闲旅游基地是景区、饭店、公共休闲空间及其他产业要素的综合体，游客在其中应该获得整体的休闲感受，因此，标准规定，基地应该提供统一的导游（讲解）服务。达到本项要求的，可得 10 分。

（二）公共信息资料和咨询途径

休闲旅游产品实质为多种产品和服务的复合体，它不是一般性地概指旅游者在旅游过程中所购买的商品，而是指旅游者在一定时间和空间内，出于娱乐、休闲、公务、个人事务或寻求发展等目的而购买的一种总体性产品。它涉及旅游基础设施、旅游服务设施、旅游资源、旅游路线组合、旅游购物以及多种服务。其生产与消费的同步性特点，决定了旅游产品只有在消费者购买时，才成为完整意义上的产品。因此，旅游产品有无市场，能否实现其价值，较之普通产品，它与消费者之间有着更为紧密的联系。而一个国家、地区或企业要发展旅游业，必须研究消费者行为的发生和向他们提供的产品之间的关系，及早使自己的产品对未来的消费者具备吸引力，并预先提供鼓励消费者到来的外在条件，最终实现有意义的消费。

---

① GB/T 15971—1995 中 4.5.3 规定：景点导游、讲解抵达景点后，地陪应对景点进行讲解。讲解内容应繁简适度，应包括该景点的历史背景、特色、地位、价值等方面的内容。讲解的语言应生动，富有表达力。在景点导游的过程中，地陪应保证在计划的时间与费用内，旅游者能充分地游览、观赏，做到讲解与引导游览相结合，适当集中与分散相结合，劳逸适度，并应特别关照老弱病残的旅游者。在景点导游的过程中，地陪应注意旅游者的安全，要自始至终与旅游者一起活动，并随时清点人数，以防旅游者走失。

② 第 5 章规定了导游人员的基本素质要求，具体内容略。

休闲旅游产品的特殊性质使得休闲旅游者在购买和消费前后需要仔细掌握产品和服务的相关信息，它与传统的团队观光旅游之间有明显区别，更重视自身对外部信息的搜寻，这依赖于更新及时、内容丰富的公共信息资料齐全。因此，标准规定，休闲旅游基地需公共信息资料齐全，内容丰富，适时更新，能满足游客需要。满足此项要求，得 5 分；能提供图册、书籍、电话、网络等多种咨询途径，满足此项要求，得 5 分。

（三）服务质量

休闲旅游服务本质上是为休闲旅游者所提供的一种或多种经历和体验。休闲旅游服务的这种与观光旅游不同的更强调体验的本质，决定了休闲旅游服务提供者不应该仅仅关注休闲旅游本身的服务质量，而应该重视游客的体验质量。对休闲旅游服务而言，服务员工、游客、服务场景、服务过程等都会影响游客的休闲旅游体验利益以及体验感知与满意水平，可见休闲旅游服务是一种服务员工与游客之间的互动体验过程。

作为休闲旅游服务提供者，休闲旅游企业应针对休闲旅游服务的互动体验模式，从休闲旅游主题设计、体验价值提升、旅游展示、旅游氛围营造、游客的感官刺激等多个层面，全方位地开发体验营销，为提升休闲旅游服务的竞争力提供有力支持。一般在基地发展初期，企业对游客的需求还不熟悉，服务人员对休闲旅游服务的要求也不熟悉，这时候，当然应根据基地发展的不同阶段特征对服务进行不同的要求，更多地强调规范化服务。

对休闲旅游基地的服务质量检查主要依靠专家体验打分，要求基地的休闲旅游服务应该规范，服务人员训练有素，服务质量较高。达到此项要求，可得 10 分。

（四）残障设备

无障碍设计，是指为保障残疾人、老年人、伤病人和儿童等弱势人群的休闲需求，在休闲旅游基地中进行相应服务设施的设计。从整个社会来看，构筑无障碍环境已是社会发展的重要目标，是社会进步的重要标志。目前中国有残疾人 6000 万，占总人口的 5%，是世界上残疾人最多的国家，他们的生存状况影响到近 3 亿亲属和相关人士。残疾人为数众多，他们承担了全人类的苦难，但在社会生活中却处于种种不利地位，我们应努力为他们创造一个良好的休闲环境。此外，随着中国经济的持续发展，居民寿命延长，人口老龄化现象也逐年显著。

被服务人群由于身体残疾或体能智能下降，存在行动障碍或行动信号识别障碍，致使其行动困难，基本的休闲安全遭受威胁，他们需要专门的休闲服务、休闲用品和特殊设施与设备的帮助，才能安全方便地进行步行活动，参与正常的社会交往。因此，标准规定，休闲旅游基地应考虑为特殊人群（老年人、儿童、残疾人等）配备相应的设施、用品及服务。达到此项要求，可得 10 分。

第六节　市场成熟度与社会统筹发展

休闲旅游基地评定是对创建单位已有工作成绩的一种检查和认可，因此，需要考察其市场成熟度。旅游市场成熟度是综合考核旅游市场发育程度的重要指标，一般可以通过接待数据进行考察。

休闲旅游基地的核心关键词是休闲，所以基地周边的社区或者乡村的休闲氛围非常重要，基地和当地社区的融合发展密不可分，二者相辅相成，协同发展。为了鼓励基地注重旅游企业的管理，特别是将其导向社会协同发展，解决一些休闲旅游发展过程中所存在的问题，如当地社区是否能从休闲旅游业发展中受益，老百姓是否被排除在休闲旅游发展过程之外等，标准专门设置了社会统筹发展这一考评内容。本部分设置了 100 分。

一　市场成熟度

在评定标准的必要条件中，已经对休闲旅游基地的最低市场规模进行了规定。本部分设置了 120 分，进一步区分不同市场成熟度，分别对接待人次、过夜游客人天数、平均停留天数、旅游综合收入以及游客满意度等进行了规定。

（一）市场品牌及形象

目前旅游业的竞争不单纯是质量、价格和服务的竞争，其焦点集中体现为形象战略的策划。良好形象的创立和传播，是旅游城市和旅游企业开拓市场的重要手段，是旅游目的地和旅游企业的巨大财富与无形资产，休闲旅游基地更是如此。

不同目的地的资源是各不相同的，在现代激烈的市场竞争中，休闲旅游基地的定位一定要遵循自有的特色原则，找到自己的特色，以奇特取胜。这种品牌形象能为众多的旅游产品供给者提供一个较为明确的目标模式，引导他们的行为朝一个方向发展，确保休闲旅游基地的发展，可以在降低宣传成本的基础上更有效地让游客了解休闲旅游基地的价值。当代社会是信息社会，怎样让处于信息包围之中的潜在旅游者到本地休闲是每一个旅游目的地和企业都应该思考的问题。唯有那些有鲜明的市场品牌及形象的旅游目的地，以整体形象进行宣传，既有效地节约了成本，又能给人以深刻印象，吸引更多的旅游者。只有这样才能成为真正的休闲旅游基地。因此，标准规定，休闲旅游基地应具有竞争力强且特色鲜明的市场品牌及形象。达到此项要求，可得 20 分。

（二）市场规模

如上所述，休闲旅游基地须依托至少一个 4A 以上的旅游景区，《旅游区（点）质量等级的划分与评定》要求，4A 级景区每年的年接待游客规模不少于 50 万人次，因此，从理论上说，休闲旅游基地的年接待规模应该大于或等于 50 万。这对不同基地来说，情况是不一样的。对于体量特别大的休闲旅游基地，接待游客人次可能超过 200 万，如溪口人文山水休闲旅游基地。

所以，标准对上年度接待游客人次、过夜游客人天数和过夜游客平均停留天数规定如下：

上年度接待游客达到 100 万人次，得 20 分；达到 75 万人次，得 15 分；达到 50 万人次，得 10 分。

上年度接待过夜游客达到 20 万人天，得 20 分；达到 15 万人天，得 15 分；达到 10 万人天，得 10 分。

过夜游客平均停留天数达到 2.5 天，得 20 分；达到 2 天，得 10 分。

（三）旅游综合收入

从理论上说，旅游综合收入就是休闲旅游基地所获得的休闲旅游者消费的总和。旅游产业的收入，包括了游客出游以后的吃、住、行、游、娱、购、体、疗等各个方面的收入，并且形成一个收入链，因此，旅游产业的总体收入，是一个综合收入概念。一般认为，休闲旅游者的消费支出应该远远大于传统观光旅游者，但是，经过调查发现，观光旅游者的刚性支出如门票、交通等对于休闲旅游者来说，都大幅度减少了，因为休闲旅游者更多的是以无景点旅游的形式、以自驾车的方式进行休闲。根据实际情况，在发展初期，较多比例的游客在弹性消费方面的支出还比较低。因此，标准规定，上年度旅游综合收入达到 5000 万元，可得 20 分；达到 2500 万元，可得 10 分。

（四）游客满意度

游客满意度是游客期望同实地旅游感知相比较的结果，它强调的是游客的心理比较过程及结果。从直观上理解，游客满意度就是游客的满意程度。游客满意度越高，说明游客在休闲旅游基地的休闲过程越让游客感到满意，越有可能产生游客忠诚，它是休闲旅游基地服务质量的一种反映。当游客不满意时，就会产生抱怨或者投诉。

考察各相关的评价标准和评价体系，对游客满意度的考察一般采取游客问卷调查方法，但实际操作中游客问卷调查也容易被加入人为干扰因素。在市场营销领域，顾客满意度与顾客抱怨之间的负相关性已经得到了证实。因此，标准从游客有效投诉这个角度考察游客满意度。综合考察各县市区旅游质监部门的投诉数据，标准规定，年度有效投诉不超过 3 起的，可得 20 分；年度有效投诉不超过 5 起的，可得 10 分。

二 社会统筹发展

统筹就是兼顾，兼顾就是协调。社会统筹发展指的是休闲旅游基地发展应该对当地社会经济发展产生积极意义，不但能够促进经济发展，而且能够促进社会和谐，基地要在当地的社会经济生活中扮演重要角色。要做到这一点，关键是要发展经济，经济发展则需要进行产业结构和产品结构的调整，形成高附加值的经济产业，休闲旅游正好是当代经济中附加值很高的产业。

本部分设置了 100 分。在社会统筹发展部分中，政府重视是其中非常重要的决定性因素，但标准目前为止还只能在统筹发展的组织健全和制度建立上进行规范和要求。

（一）休闲旅游基地领导小组

休闲旅游基地的科学发展，不仅依靠丰富的各类休闲旅游资源，而且还需要旅游行业管理能力的不断提升。行业管理的主体主要有两类：一是政府部门，二是行业协会。之所以政府必须要有作为，是因为休闲旅游基地是一个新生事物，在发展过程中还存在许多"瓶颈性"的矛盾和问题，如经营需要规范，规则需要建立，行业标准需要确立等。而且，在目前实际情况中，相关行业协会还比较弱小。如果离开了政府的支持和推动，离开了政府主导，休闲旅游基地的发展必然矛盾重重，更不用说对当地经济社会产生巨大贡献了。可以说，政府作为水平的高低在很大程度上决定着一个地方乡村旅游业的兴衰成败。

从某种程度上看，政府作为水平与工作团队的层级有关系，一般来说，工作层级越高，协调能力越强。休闲旅游基地往往可能打破一定的行政区域界限，涉及不同的工作部门，建设初期确实需要一个协调能力强的领导机构。因此，标准规定，基地所在县（市）、区政府组织成立领导小组，且由分管领导任组长。达到此项要求，可得 20 分。

（二）基地发展环境

基地良好的发展环境主要依靠基地管理机构的创造。基地管理机构与基地的领导机构之间有明显区别。领导机构只负责对基地建设的重大事项的协调指挥，领导机构只对基地建设的问题承担领导责任。管理机构在领导机构的领导下工作，负责将领导机构的决策予以具体执行操作，他对基地建设的问题承担工作责任。一般来说，管理机构往往是由基地的投资方或相关利益主体共同组成的、负责基地建设的工作机构，其中可能包含了政府、居民的代表，但主要由基地建设投资方组成，对内管理基地发展的具体事务，对外则代表整个基地。

对于任何一个产业来说，其成功与否和竞争力的提高越来越取决于管理和文化等软因素。有效的组织和管理是所有产业所必需的，从宁波实际情况出发，其中一个最迫切需要解决的问题是，政府要主导投入公共产品建设。政府对公共产品的建设体现在诸多方面，如财政政策支持，资金、金融政策支持，税收政策支持，奖励政策支持，旅游项目用地的政策支持，等等。虽然民营资本已经广泛地参与到旅游产品的建设和推广过程中，但更多的政策支持没有体现出来；虽然将旅游产业纳入国民经济发展计划，却很少增加财政预算资金和开发、促销资金，有时资金预算还在逐年减少。

基地与政府、居民等相关利益主体维持良好关系是基地良好发展环境的前提，因此，标准规定，基地管理机构与当地政府和居民之间应建立畅通、有效的沟通和协调机制，这些协调机制需要以文字和制度的形式规定下来，形成良好的休闲旅游基地发展环境。

（三）休闲旅游业态

毫无疑问，休闲旅游基地的主要市场是城市居民，其休闲目的是要逃离压力大的生活工作节奏、追求身心的放松，所以，基地内表现出来的业态当然不能以现代工业为主。一个区块要真正凸显其休闲旅游特色，主要业态应围绕休闲旅游做文章。在考察国内知名的休闲旅游区块基础上，标准规定，基地内以旅游服务业、商业为主，辅之以农业、部分手工业作坊和食品加工业等。这样，在基地内就可以形成一种集聚效应，各种产业要素在某个区块中集聚起来，并且相互融合，形成休闲旅游服务业、休闲商业、休闲农业、休闲手工业以及休闲食品加工业等。从产业发展的要求来讲，基地应该是一个旅游产业及相关要素的空间集聚。直观地讲，在这个既定的空间范围内应该具备一定数量的旅游及相关企业。比如，景区是一个企业，酒店或度假村是一个企业，还包括旅行社、餐饮、娱乐、购物等经营企业，以及旅游商品、旅游用品的制造企业，甚至还包括相关农副产品的加工企业。另外，这些企业还必须以一个龙头企业为核心来组织和运营，形成产业链，产生规模效应，这样才能称之为产业基地。从这个角度来看，仅有一家景区开发或管理公司是明显不够的，尽管我们也有溪口集团、雅戈尔这样实力雄厚的大型企业集团，也能够操作一些商业地块的开发和运作，但大多数景区公司的能力还是比较弱小的。针对这种情况，一方面需要推进一批中小企业集聚发展，产生规模效应；另一方面还要培育和引进几家综合实力强的企业集团。推进企业集聚发展或集团化发展，也是休闲旅游基地建设的一项重要任务。

旅游企业的经营管理同样也是重要的软因素。但是，从宁波市旅游企业实际经营状况来看，大部分旅游企业没有形成经营网络，业务操作仍处于临时、简单协作阶段，不能很好地满足旅游者订房订餐等个性化需求。另外，旅游企业经营相对落后的另一个主要表现是，由于利益分配机制不顺，宁波的旅游接待部门如旅行社、旅游集散中心在推广宁波旅游景区景点的过程中缺乏积极性，旅游接待部门的主要利润来源不是宁波旅游资源，而是周边的普陀山、上海等，这不能不说是旅游企业经营落后所导致问题的一个重要表现。应鼓励基地内的休闲旅游业态进行连锁化经营，引入国内外知名的休闲旅游品牌，这样，不但可以提升本地休闲旅游企业的经营管理水平，提高经营效益，而且，可以由需要依靠当地休闲旅游发展而发展的"配套性"要素转变为一种带动当地休闲旅游发展的"功能性"要素。所以，标准规定，休闲旅游基地的主要企业管理水平较高，经营效益良好。达到此项要求，可得 10 分。

（四）公共服务设施

从总体上看，目前国内公共休闲空间的发展还不尽如人意，公共休闲空间规划有局限性，功能布局不合理，空间总量少。为了在休闲旅游基地内改变这一状况，标准分别在必备条件和一般条件中对此进行了规定。必备条件中提到，休闲旅游基地需要具备一定的公共休闲空间。公共休闲空间不同于公园、广场，也不仅仅是公共绿地，第一，其根本特点是公共性，即为各种人士提供的任意逗留的自由空间。其往往伴有台阶、休闲座椅等公共属性的标识物，空间内由建筑物、铺地、小品、服务设施等人工设施和绿地、水体等自然要素组成，并具有公共特性的空间氛围、文化风俗、人际关系等。第二，开放性，公共休闲空间往往是开敞或者半开敞空间，具有较好的通达性。第三，公共休闲空间的活动以日常休闲为主，而非营利性活动，大型公共空间往往配有娱乐、服务设施，伴随一定的消费行为。因此，标准规定，基地内的公共服务设施共建共享，能够为当地提供适当的公共服务。达到本项要求，可得 20 分。

（五）当地居民就业机会

要求基地内的企业吸纳当地居民就业是基于两个方面的考虑：一是对任何基地来说，社会文化和社会发展都是吸引外地游客休闲的重要吸引物，当地居民是这种资源生长的天然土壤，因此，要把当地居民以适当的形式吸纳到休闲旅游基地的各种企业中来；二是对任何基地来说，能否为当地居民创造就业机会是决定当地居民是否支持基地发展的重要因素。即使对宁波等外来务工人员比例较大的沿海发达地区来说，也不例外。但是，我们也应该看到，就业吸纳能力随着不同企业类型、性质和不同区域而不同。因此，标准比较笼统地规定基地内的企业应为当地居民提供相当数量的就业机会，而不是一刀切地规定某个比例。评定专家认为，如果为当地居民提供的就业机会比例适当，可得 20 分。

实 践 篇

第六章　提前谋划

　　谋划，指按照既定的发展方向和重点，在推进实施上作出科学、系统、全面的安排。"先谋后动"是我们通过长期工作积累而得出的一点经验之谈，也成为我们启动每项工作时的必用之技。从前期调研到编制报告，有关休闲旅游基地"是什么"、"怎么干"的问题始终萦绕在心。正是有了这个阶段的"谋划"，为日后工作的正式开展奠定了良好的理论基础。

第一节　开展前期调研

　　进入新世纪，尤其是 2006 年以来，中国休闲产业迎来了发展的春天。短短几年内，全国涌现出以杭州、三亚、成都、青岛、长沙、烟台、青岛、厦门等为代表的一批休闲城市，还有数量较多的休闲市县、休闲城镇以及休闲乡村。

　　2006 年 4 月，杭州举办首届世界休闲博览会和第九届世界休闲大会，实现了休闲领域从单一的学术研究向研究休闲理论、传播休闲理念、普及休闲文化、组织休闲活动、开发休闲旅游、发展休闲产业的综合性休闲发展方向转变，成为开启中国"休闲元年"的标志性事件。

　　2008 年 7 月，无锡休闲旅游大会隆重举行，正式公布了全国第一个国家级的《休闲城市创建、服务与管理标准》，以及第一个地方性休闲城市发展规划《无锡市休闲旅游产业发展规划》。

　　与此同时，位于长三角南翼的海港城市宁波，也迎来了旅游消费结构逐步从观光向休闲度假的转变。《浙江省国内旅游抽样调研报告》显示，宁波市 2005 年国内游客结构中，休闲度假为 21%，旅游观光为 37.2%；而到了 2008 年，休闲度假为 30.6%，旅游观光为 25.8%。正是受到这种市场因素的驱动，2007年，宁波市明确提出了推进旅游产业转型升级，建设"长三角最佳休闲旅游目的地"的发展目标。

为了推进这一发展目标的落实，2008年，我们开始着手编制《宁波休闲旅游目的地建设五年行动计划》。"旅游目的地"概念对我们来说并不陌生，但增加了"休闲"这一前缀，却引发了一连串的思考和讨论。当所有的问题都围绕着"什么是休闲旅游目的地的产品支撑"展开的时候，一个关于"休闲旅游基地"的概念开始浮现在我们的眼前。为了进一步"想明白，做明白"，我们开始了前期调研工作。

一 杭城取经

兄弟城市的先知先觉，总是成为我们学习的榜样。2008年10月上旬，我们拜访了杭州旅委，考察了一些休闲基地，并走访了一些专家学者，得到了有关杭州市"休闲基地"建设的第一手资料。

早在2006年初，杭州就提出了建设"十大休闲基地"的工作目标。同年底，《杭州市休闲旅游基地评定办法（试行）》正式出台，申报工作也随之展开。2007年1月，西湖风景名胜区和富春山居度假村被评为首批休闲基地；12月，千岛湖滨水旅游度假区和西溪湿地国家公园被命名为第二批休闲基地。2008年初，时任杭州市委书记的王国平同志又提出了把打造大型"旅游综合体"作为实施杭州旅游国际化战略的主攻方向之一。一时间，关于"旅游综合体"的研究和讨论如火如荼。

然而，"旅游综合体"概念的提出，并没有挡住"休闲基地"的建设步伐，反而为"休闲基地"的发展注入了新的内涵，也对基地的建设和评定工作提出了更高的要求。在随后的三年里，湘湖旅游度假区、天目山旅游休闲区、良渚"大美丽洲"旅游综合体、东方文化园、桐庐大奇山休闲度假区相继被杭州市人民政府命名。截至2010年底，已经建成并命名的杭州市休闲基地达到了9个，离最初提出的"十大休闲基地"仅有一步之遥。

二 统一思想

在回宁波的路上，调研小组的成员开展了一场"激烈的讨论"。讨论的焦点不在于还要不要搞，而在于搞什么。其中一方的观点是：我们已经落后了，现在还搞休闲旅游基地，只能步人后尘；另一方的观点是：要结合宁波的实情，市里正在搞服务业产业基地，要好好利用这个大背景让我们的旅游发展再上一个台阶。这场讨论没有得出结论，但是大家都明白，我们要搞的"休闲旅游基地"绝对不同于杭州的"休闲基地"或"旅游综合体"，将会是一个非常复杂的概念，具有丰富的内涵，但又不是一个什么都能装的"箩筐"。于是，关于"什么是休闲旅游基地"的问题开始成为我们要越过的第一道坎。从后来发生的事情来看，这一道坎显然是最为关键也是最难的，贯穿了我们实践的全部过程，并要不断地通过"回头看"来进行反思和校正。

经过几番思索和讨论，我们最终将"休闲旅游基地"界定为：以现有旅游景区、在建重大项目和其他具备旅游接待功能的区块为基础，设施达到《旅游区（点）质量等级的划分与评定》中的4A级标准，旅游特色鲜明、产品类型多样、产业要素集聚、休闲功能突出、服务设施完善、管理机构统一，具有一定规模、综合经济效益及市场影响力的各类休闲旅游区。

作为宁波休闲旅游发展的重要支撑，休闲旅游基地能够发挥一个很好的"平台"作用。首先，以休闲旅游基地为整合平台，将进一步变整合"旅游资源"为整合"旅游产业要素"，有利于打破资源管辖条块分割的痼疾；其次，以休闲旅游基地为转型平台，强化休闲度假设施在以旅游景区为空间基础的聚集，从服务功能上主动实现观光产品向休闲度假产品的转型；第三，以休闲旅游基地为升级平台，将"单打独斗"的旅游景区融入旅游目的地体系建设，强化旅游公共服务的完善，促进土地的集约节约使用，转变宁波市旅游景区发展"小、散、差"的不良状况，打造一批大体量、多功能、高品质的旅游产业集群。

此外，建设休闲旅游基地也为宁波旅游主管部门在景区管理和项目推进上找到了一个新的抓手。景区管理和项目推进对每一个地市的旅游主管部门来说都是两项重要的工作，但由于受到体制和经费的制约，这两项工作一直都存在着较大的挑战和压力。将景区纳入休闲旅游基地范畴，既可以通过制订"市级"评定体系等标准来一改往日景区评级工作中旅游主管部门只能"上传下达"的中间人地位，同时也使有限的工作经费能够在推进项目建设工作中真正起到四两拨千斤的作用，对传统景区的功能提升、新建项目的功能完善，都将起到较强的推动作用。

而最为关键的是，休闲旅游基地的创建，能够使景区管理和项目推进工作实现有机的整合，进而发展成为一项具有统领作用的全新工作。

根据宁波的实际情况，休闲旅游基地主要有三种模式：一是旅游度假区模式，如松兰山、东钱湖、达蓬山等；二是旅游主题城镇模式，如慈城镇、石浦镇、四明山镇等；三是综合模式，如月湖历史文化街区等。与杭州休闲基地相区别，宁波市的休闲旅游基地是以现有景区为基础，更加侧重旅游产业要素和公共服务功能的集聚。这是我们最初提出的设想。

对休闲旅游基地有了一个基本概念以后，我们着手撰写了《关于宁波市建设休闲旅游基地的几点思考》的调研报告。在此报告中，我们结合当今旅游产业发展趋势和宁波市未来五年的中心工作，将有关休闲旅游基地的概念、背景和意义、确立依据和要求、评定标准等主要设想内容进行了综合性阐述，并就目前存在的问题和难点提出几点建议，供领导决策参考。

第二节　把握关键环节

明确了休闲旅游基地的基本概念和现实意义以后，我们开始思考具体的工作步骤。

首先，休闲旅游基地的建设将按照"以评促建"的思路来开展。这个"评"实际上就是设置一道门槛，将达到一定条件的基地纳入我们培育和建设的范围，在此之前，创建单位还必须按照这个要求开展一系列的项目建设和完善提升工作。可以说，"评"只是一个手段，"促建"才是关键。

其次，如何将感性的休闲旅游基地概念转变成为理性的、规范的、量化的、易于操作的评定要求？答案显而易见，我们必须制订一个相当详细的标准。同时，我们还必须对休闲旅游基地的建设和评定工作明确一个相应的管理办法，通过一套相对严谨的规则来约束与休闲旅游基地建设、管理和经营相关的各类主体。

最后，休闲旅游基地从哪里来？是不是应该有一个能够初步确立休闲旅游基地的依据？从政府部门常规的工作逻辑来看，这个依据最好的落脚点就是规划，一个既能明确发展方向又能在空间上得到落实的一系列战略部署的文字（或图片）。

如何解决这些问题呢？经思考后，有了以下三个方面的结论。

一 基本要求

宁波市级休闲旅游基地至少应达到以下五条基本要求：当地领导重视，成立基地建设领导小组，编制基地专项规划，建设目标明确；基础设施达到国家 4A 级旅游景区标准，休闲度假设施达到一定比例；旅游资源丰富，休闲活动多样，产品功能复合；市场认知度较高，游客停留时间长，消费水平高；社会综合评价高，游客满意度高，社区满意度高。

二 基本程序

采取"以评促建"的方式来推进全市休闲旅游基地的建设，遵循自愿申报、专家评定、定期复核、动态管理的原则。评定工作分为以下几个步骤：

第一步，宁波市旅游经济发展领导小组办公室负责编制全市休闲旅游基地发展规划，制订全市休闲旅游基地评定标准（评分表）、评定办法、申报表。

第二步，由基地经营主体自下而上进行申报，宁波市旅游经济发展领导小组办公室根据发展规划、评定标准和县（市）、区旅游部门的推荐，产生年度备选基地名单，通过实地考察指导、参与项目方案论证、督促上报项目进展情况报表、下拨适量扶持补助资金等多种举措，全力推进休闲基地的建设。

第三步，聘请相关专家、学者建立宁波市休闲旅游基地评定委员会，委员会对条件已经成熟的申报基地采取现场检查、资料审核、抽样调查等方式进行评分，并向市旅游经济发展领导小组办公室提出评定意见，办公室对预评名单进行公示后上报宁波市人民政府批准后，颁发"宁波市休闲旅游基地"标牌和证书，并给予适当奖励。

第四步，宁波市旅游经济发展领导小组办公室对市休闲旅游基地每两年进行一次全面复核，对复核不达标的基地给予限期整改并再次检查，仍不达标的将予以摘牌处理。

三 确立依据

在宁波市人民政府正式审批下发的《宁波市旅游发展总体规划（2005—2020）》中，明确了"十一五"期间重点发展的 12 个区块。经过三年来的大力推进，这些区块的建设进展总体良好。随着新建大项目的不断涌现，新业态产品的不断升级，有必要对原来确定的重点区块进行进一步的资源整合和功能提升。

根据总规中的 12 个重点区块，结合近年来重大项目的建设情况，考虑一定的地区平衡，并对休闲度假和新业态产品进行适当的倾斜，可初步提出以下适宜建设休闲旅游基地的优选区域：

海曙：月湖—郁家巷历史文化特色街区

江东：滨江大道商务休闲区

江北：慈城古县城旅游区、苏湖休闲旅游区

鄞州：梁祝爱情文化产业园区、它山文化休闲旅游区

镇海：九龙湖旅游度假区

北仑：北仑港邮轮休闲中心

慈溪：达蓬山旅游度假区、杭州湾滨海休闲旅游区

余姚：四明山山地度假基地、姚江文化旅游带

奉化：溪口人文山水旅游区、奉化阳光海湾旅游区

象山：松兰山滨海旅游度假区、石浦渔文化旅游区

宁海：宁海森林温泉旅游区、宁海湾旅游度假区

东钱湖国家级生态型旅游度假区

有了对以上优选区域的初步判断，宁波市旅游局大胆提出了在 3—5 年内建设 20 个市级休闲旅游基地的设想。对于更长远的发展目标，还将在规划中作进一步明确。

第三节　突破主要问题

既然已经提出了建设 20 个休闲旅游基地的设想，我们就有必要认真对待，要把它当作是未来 5 年内一项影响全局的重点工作来加以落实。除了对它进行理论层面的探讨外，我们还应在工作方式上展开更深层次的研究，尤其是对可能出现的问题和难点进行分析，做到未雨

绸缪。

一 组织机构

根据我们的初步设想，推进休闲旅游基地工作的组织机构至少有以下几个层面：一是领导小组，宁波市旅游经济发展领导小组全面领导本项工作，不再另设新的机构，建议通过全市旅发大会拉开工作序幕；二是执行机构，宁波市旅游经济发展领导小组办公室设在宁波市旅游局，相关部门为成员单位，建议召开联席会议进一步通气落实；三是专家委员会，聘请相关专家、学者以及部分市民参与评定环节，树立公开、公平、公正的社会舆论形象。除了市本级形成上述三层构架外，也鼓励各县（市）、区成立相应的组织机构。

二 创建主体

根据以往景区评定的工作经验，我们在休闲旅游基地建设上面临的最大难点就是如何确定创建主体，以及处理与各县（市）区旅游局的关系。参考其他部门的基地建设，如市文化产业示范基地，其创建主体就为企业，相应的扶持和奖励资金都一并发放到企业手中，虽然便于操作，但也在一定层面上难以直接调动各县（市）区职能部门的积极性。另外，有些基地目前可能还存在行政、事业管理体制，比如乡（镇）、街道人民政府、委员会，它们是否也可以作为创建单位。由于是休闲旅游业的产业基地，应该鼓励龙头企业的核心带动作用，但宁波目前的旅游企业，尤其是景区开发或管理公司，其实力、能力、魄力都与龙头企业的地位相去甚远，能否成为核心来整合相关资源，还是必须借助当地政府的力量，这些都是我们不可回避的首要问题。

三 经费保障

根据我们的初步测算，用于开展全市休闲旅游基地的工作经费至少应保证在 500 万元左右。该费用主要用于三个部分：一是编制全市休闲旅游基地发展规划，制订市级休闲旅游基地评定标准和评定办法，计80 万元。规划编制的重要意义不在于有多大的实际指导作用，而是通过这个过程统一思想、扩大影响、形成良好的工作氛围，并为后续的项目开发提供法规上的依据。另外，也可以使评定标准和评定办法更加符合宁波的实际，保证标准的合理性和办法的可操作性。二是对拟创建的 20 个市级休闲旅游基地下拨适量扶持补助资金，以及对创建成功的市级休闲旅游基地实施奖励，计 400 万元。补助和奖励资金重点用于基地规划的编制、项目策划，以及旅游公共服务设施建设，包括游客中心、旅游厕所、生态停车场和标识标牌系统。根据我们掌握的数据，每家 20 万的补助奖励将实际拉动创建单位 100 万元的直接投资，而在其他休闲度假设施投入上的拉动将达到上千万，甚至过亿，这种局面将是我们非常乐意看到的。三是产生相应的工作经费，计 20 万元，包括一系列的会议、考察、检查等，还包括通过媒体进行宣传和公示的广告费用。

以上三个难点，第一点和第三点是需要从下往上做工作的，只要经宁波市旅游局党委，向市分管领导汇报，通过制订并印发一个正式的工作方案就可以明确下来。而对于第二点，经过一番衡量，我们还是把这个问题的最终决定权交给了地方。既然是一项全新的工作，我们就应该鼓励形成一种开放的工作机制，打开思路，广开言路，集思广益，群策群力，调动一切社会力量来共同做好这项工作。当然，从事后发生的情况来看，多元化的创建主体的确为我们的休闲旅游基地建设工作注入了活力，形成了真正意义上的"大旅游"发展机制。

第七章 全面部署

从制定工作方案起步，休闲旅游基地建设的主要问题取得突破之后，我们又通过召开工作动员大会，借势宁波市旅游发展大会，正式拉开了宁波市休闲旅游基地建设工作的序幕。随后，我们顺利完成了基地标准的制定和规划纲要的编制，进一步对基地建设工作进行了全面部署。

第一节 拉开工作序幕

2009 年 2 月，经过一番深思熟虑，再经过"几上几下"的讨论和征求意见，《宁波市休闲旅游基地建设工作方案》出炉。此时离我们最初提出建设休闲旅游基地的设想已有小半年了。磨刀不误砍柴工，这小半年的打磨，使我们对整个工作有了充分的思想准备。与此同时，向宁波市主要领导和分管领导进行了专项汇报，得到了市领导的高度认可；还就休闲旅游基地这种目的地发展模式的可行性和必要性，同国家旅游局规划司的领导进行了初步的沟通，也引起了他们的高度重视，并寄予厚望。有了宁波市领导和国家旅游局的重视和支持，我们对休闲旅游基地的建设工作更加充满信心。

一 工作方案

为切实做好全市休闲旅游基地建设，我们制订了《宁波市休闲旅游基地建设工作方案》（以下简称《方案》）。

《方案》首先明确了休闲旅游基地的概念，即指以 4A 级以上（含 4A 级）景区、在建重大旅游项目为依托，旅游特色鲜明、产品类型多样、产业要素集聚、休闲功能突出、服务设施完善、管理机构健全，具有一定规模、综合经济效益及市场影响力的各类休闲旅游区。

（一）工作目标

根据建成一批、推进一批、规划一批的滚动发展思路，争取到2012年建成20—30个宁波市休闲旅游基地。其中，2009年工作目标为：启动10个以上休闲旅游基地的建设，争取建成4—5个。

（二）组织机构

由宁波市旅游局领导、各处（室）、所负责人和各县（市）、区旅游局、东钱湖旅游度假区经发局局长组成宁波市休闲旅游基地建设工作领导小组。

领导小组下设办公室，作为领导小组的日常工作机构。办公室设在宁波市旅游局规划发展处，相关处（室）、单位派员参加，并形成规划统筹、指导评定和宣传推广三个工作小组。

（三）主要任务

主要任务分为规划、推进、评定和推荐四项工作：

规划工作，包括编制《宁波市休闲旅游基地规划纲要》，制订《宁波市休闲旅游基地评定标准》和《宁波市休闲旅游基地评定办法》，确定各地休闲旅游基地建设年度工作任务。

推进工作，通过实地考察指导，参与建设方案论证，协调解决重大问题，督促上报项目进展情况等多种举措，全力推进休闲旅游基地的建设。

评定工作，对条件已经成熟的申报单位采取现场检查、资料审核、抽样调查等方式进行评分，对通过评定的基地进行公示和命名。

推荐工作，指导并推荐已通过评定的休闲旅游基地创建市现代服务业产业基地。

（四）职责分工

领导小组负责宁波市休闲旅游基地建设工作的全面领导和总体协调，审定工作方案并组织实施，研究解决工作中的重大问题，指导和督促检查各项工作的落实情况，审核评定意见。

办公室负责组织落实领导小组部署的各项工作，拟订工作方案，组织规划编制，制订评定标准及办法，确定年度工作任务，指导基地创建工作并组织评定，形成评审意见。

办公室内设三个工作小组：规划统筹小组主要负责统筹安排，编制规划，制订评定标准及办法，确定年度工作任务；指导评定小组主要负责日常推进和年度评定工作；宣传推广小组主要负责整体宣传和市场推广工作。

二 动员大会

2009 年 3 月，我们组织召开了 2009 年度第一次全市旅游局长工作例会，会议的重点就是对休闲旅游基地的建设工作进行动员和初步部署，这意味着这项工作得到了实质性的启动。

作为宁波市休闲旅游基地建设工作领导小组办公室（简称"市基地办"）的主任，宁波市旅游局分管领导在会议上作了一篇题为"把握重点难点 全面推进休闲旅游基地建设"的专题报告。这份报告就基地建设工作中四个方面的重点和难点跟与会代表进行了交流。[下面是宁波市旅游局分管领导谈休闲旅游基地建设工作的重点和难点（节选）]

第二个方面，我就基地建设工作中的重点和难点跟在座各位谈一下想法，以利于更好地把握。

前面我们对休闲旅游基地建设的工作开展情况进行一下回顾十分有必要，因为这是一项全新的工作，需要我们从多个角度进行思考和判断，形成一个系统性的战略部署。面对这项工作，我们既是出题的人，也是解题的人；既有规定动作、标准规范，更要求类型多样、业态创新，如何统筹兼顾，是摆在我们面前首先需要解决的问题。经过前段时间的工作探索，我认为这项工作至少有四个方面的重点和难点值得大家好好探讨，下面我先谈一下个人的理解。

第一，休闲旅游基地的实质应该是以景区为核心，产品多元、产业集聚、功能复合，以休闲度假为主要特色的休闲旅游目的地。

尽管我们已经对休闲旅游基地的概念进行了初步的阐述，但还是有不少的同志简单地将"基地"和"景区"画上等号，认为"基地"就是在"景区"的基础上修修补补、包装一下也就行了。这个观点既对也不对。说它对，因为基地必须要以成熟的旅游产品为依托，在目前宁波旅游业发展的状况下，景区，特别是高等级、已经具备一定市场品牌的景区，理所当然是基地的核心构成。说它不对，我也可以列出以下四条理由。

首先，从范围上讲，基地应该要大于等于一个较大规模的 4A 级景区。它不仅拥有一定数量和品质的休闲旅游资源，还要具备一定量的公共空间，并且能够容纳一定体量的公共服务设施和功能性设施。只有拥有了一定的空间范围以及相应的活动设施，游客才有可能停得下来，住得下来。通过这几次专题调研和实地考察，我们对这个空间的大小已经有了一个初步的判断。对于以山水景观为主的，一般考虑在 10 平方公里以上；对于位于城区或以文化景观为主的，一般考虑不低于 2 平方公里。鄞州区的同志提出"景区 + 周边"模式，其实就是一个很直观的理解，但这里也不是简单的"1 + 1"，还存在一个相互补充和功能联动的关系。

其次，从产品类型上讲，基地应该以观光游览为基础，以休闲度假为主导，鼓励发展休闲旅游新业态。我市目前大多数比较成熟的旅游景区，所提供的产品还局限于山水和文化景观的观光游览，休闲特征鲜明、参与性强的活动并不丰富，度假设施也比较单一。在我市已通过评定的 18 家 4A 级旅游景区里，真正具有休闲度假功能的数量不多，以接待过夜游客为主的更是少之又少。我们提出建设休闲旅游基地，其初衷就是针对日益膨胀的休闲度假市场，其宗旨就是要打造功能强大的目的地系统，在保持每个景区良性发展的前提下，基于目前，着眼转型，进一步丰富业态，完善功能，提升服务，充分发挥出景区的带动作用。

再次，从产业发展的要求来讲，基地应该是一个旅游产业及相关要素的空间集聚。直观地讲，在这个既定的空间范围内应该具备一定数量的旅游及相关企业。比如，景区是一个企业，酒店或度假村是一个企业，还包括旅行社、餐饮、娱乐、购物等经营企业，以及旅游商品、旅游用品的制造企业，甚至还包括相关农副产品的加工企业。另外，这些企业还必须以一个龙头企业为核心来组织和运营，形成产业链，产生规模效应，这样才能称之为产业基地。从这个角度来看，仅有一家景区开发或管理公司是明显不够的，尽管我们也有溪口集团、雅戈尔这样实力雄厚的大型企业集团，也能够操作一些商业地块的开发和运作，但大多数景区公司的能力还是比较弱小的。针对这种情况，我们一方面需要推进一批中小企业集聚发展，产生规模效应；另一方面还要培育和引进几家综合实力强的企业集团。推进企业集聚发展或集团化发展，也是我们基地建设的一项重要任务。

最后，从基地的功能来讲，休闲旅游基地也应该在生态、经济、社会方面做到统筹兼顾、和谐发展。我们理想中的基地应该能够发挥多种层面的功效：从产业层面看，它强调的是对产业要素的整合和规模效应；从资源层面看，它强调的是资源，尤其是土地资源的节约和集约利用，以及对休闲旅游资源的深度利用；从环境层面看，它强调的是生态环境与人工环境的协调，以及资源环境保护设施的共建共享；从社会发展层面看，它还强调了对当地经济的贡献，比如扩大就业、增加收入、弘扬特色文化、推进社区文明等社会功能。要实现这么多的功能，单靠一个景区单打独斗是远远不够的，需要当地基层政府乃至县（市）、区政府出面协调、整合，基地建设工作无疑就提供了一个有利于这些整合的平台。

　　第二，休闲旅游基地重在建设。

　　这次评定办法和标准的征求意见稿下发后，有些同志就急着上报创建名单，工作已经做到我们前面去了。工作积极主动的态度是值得肯定的，但基地建设是一项长期工作，而今年又是启动之年，许多事情需要从长计议、好好谋划，先要想好，更要做好。有的同志认为，基地创建成功了，牌子拿到了，工作也就完成了，但实际效果有没有达到呢？我们还需要再回过头来看看这项工作既定的目标和任务。

　　我们的总体目标是到2012年建成20个以上的市级休闲旅游基地，"建成"二字如何来体现？评定只是其中的一个手段，它只起到一种形式上的肯定作用，真正的检验还要靠市场，而市场恰恰又是我们最不容易掌握的因素。要想赢得市场，除了高瞻远瞩的规划，还要真抓实干地建设，来不得半点马虎和掺假。只有赢得了市场的青睐，基地的发展才能够更健康、更持久，这要比我们挂多少块牌子更值得欣慰。当然，我们也设置了动态管理的环节，每两年开展一次全面复核，复核的情况会进行通报和整改，对整改仍不合格的基地将予以摘牌处理。

　　我们制定评定标准，是为了让基地的建设有章可循、有的放矢。已经具备一定条件的创建单位可以参照这个标准进行自我完善和提升；正在建设中的休闲旅游项目，可以参照这个标准进行调整和补充；而对于那些还在规划中的重点发展区块，也可以参照这个标准进行策划和包装、招商。当然，标准本身也不是万能的，它只是方向的引导，一个基本的平台，我们鼓励并期待大家能在实践工作中不断创新突破，不断完善和提升这个标准，使我们的基地建设工作进入良性循环之中，为上升成为地方乃至国家标准打好基础。

　　既然说基地重在建设，那我们更要把握好建设的重点。从目前的资源调查结果来看，我们认为有三类资源是比较容易发展成为休闲旅游基地的。一类是体量较大并且已经拥有一定住宿接待能力的4A级景区（也包括正在创建中的）；一类是具有相当规模的度假区；还有一类就是旅游功能比较突出的旅游城镇。这三类资源本身就具备了很好的基础，我们的建设工作就应该是查漏补缺、完善提升式的，而且还要因地制宜、量力而为，坚决杜绝盲目扩张和重复建设。当然，我们也不排除其他类型的资源通过突破常规的规划和建设成为新型的休闲旅游基地。对于那些针对高端市场或专业市场，知名度较高、影响力较大的特殊业态基地，我们也将特别关注，积极推进。若难以用现有的标准进行考核评估，我们将考虑以专项基地的形式，由专家直接认定。

　　第三，休闲旅游基地建设工作任重而道远，我们既要高度重视和积极推进，也要掌握一些工作方法，形成一些工作手段。

　　对于在座的各位局长来说，一方面，务必要使这项工作得到当地政府主要领导的重视。因为基地范围的划定、管理体制的设置，以及相应的财政投入和政策配套，都需要当地政府的宏观决策和综合协调。从这个层面来说，当地旅游部门不仅要做好专业上的参谋，还要具体负责一些协调工作。另一方面，由于基地的评定工作是一个由下而上的申报体系，也需要当地旅游部门做好标准宣传推广，筛选备选基地，安排创建时序，指导落实创建工作。为了做好这一系列的工作，各地应该考虑成立专门的工作机构，全面统筹区内基地规划、建设和申报工作。我们要努力营造一个上下衔接、积极争先的工作氛围，共同把这项工作做实做好，做成全国旅游业界的样板。

　　第四，要把握好与现代服务业产业基地认定工作上的关联。

　　最近，各地都陆续收到了宁波市人民政府印发的《关于加快现代服务业产业基地建设的意见的通知》，还有市服务业发展领导小组办公室印发的《宁波市现代服务业产业基地的认定办法》。这两个文件都提到了休闲旅游基地，而且还要求各地上报了申报材料，因为沟通不够及时，也引起了一些工作上的误会。我在这里一并作个解释。

　　正如我前面所提到的，将休闲旅游基地纳入现代服务业产业基地，是我局年初以来所做的一项重要工作，其目标就是让休闲旅游基地上升到服务业发展的层面，从而享受到更多的重视和政策扶持。然而，这个覆盖面是比较有限的。根据市发改委的工作方案，到 2012 年将形成 20 个左右的市级服务业产业基地，其中休闲旅游基地只是九种类型中的一种，最终能评上的数量也不会太多，我们努力的目标也就是 1—2 家。从这个方面来看，我们所评的休闲旅游基地要多得多，能够享受政策扶持和资金补助的范围也要大得多。从目前各地申报市级现代服务业产业基地的途径来看，有的是落实给旅游部门的，有的是发改局同旅游局协商，有的是直接由发改局申报。不论申报的途径如何，最终都将汇总到市发改委，而且根据工作方案和事先的协商结果，市旅游局都将作为行业主管部门参与审核工作，能够起到一定的统筹和协调作用。

三　召开旅发大会

2009 年 5 月 6 日，宁波市委、市政府召开了旅游发展大会，进一步明确全市旅游业发展的目标，对加快旅游业发展进行再动员、再部署。这次旅发大会是宁波市旅游业发展史上规模最大、档次最高的一次会议，不仅进一步统一了各地、各部门的思想认识，提升了旅游业发展定位，更主要的是强化了合力兴旅的氛围。会议对宁波市建设休闲旅游基地和商务会议基地进行了安排和部署，并且出台了《关于进一步加快旅游产业发展的若干意见》和《宁波市休闲旅游基地和商务会议基地建设五年行动计划》。

《宁波市休闲旅游基地和商务会议基地建设五年行动计划》其实是《宁波休闲旅游目的地建设五年行动计划》的最终稿。换题目的决定出在最后一轮修改环节，起源于时任宁波市市长毛光烈在给我局的一则重要批示中高度强调了建设休闲旅游基地和商务会议基地的重要性。毛市长的思路在全市旅发大会的讲话中得到了进一步的明确和贯彻，很好地阐述了"旅游要发展，产业要集聚，基地是抓手，投资是关键"的逻辑关系，对全市的休闲旅游基地建设提出了更高的要求。

第二节　制订建设规范

"根据各层级相关旅游行业标准，制订出适用于宁波市范围内各种类型的休闲旅游基地的评定标准，并将其细化为评分细则"这句话，摘自宁波市旅游局与浙江大学宁波理工学院关于制订宁波市休闲旅游基地评定标准的合同文本。合同签订时间为 2009 年 2 月 23 日，离全市休闲旅游基地建设工作方案印发仅 10 天。其实，这项工作早在 2008 年底就已经开始启动了。

一 合作单位

2008 年 11 月，为应对宁波市休闲旅游快速发展的需要，实现政府与高校之间"平台共建、资源共享、理论研讨、指导实践"的宗旨，宁波市旅游局与浙江大学宁波理工学院合作成立了"宁波市休闲旅游发展研究中心"。中心的主要任务集中在四个方面：对宁波市休闲旅游经济运行和发展进行研究；对宁波市休闲旅游文化及其他相关要素进行研究；建立宁波市休闲旅游信息库、数据库和专家库；对宁波市各旅游企业进行研究和培训。

中心成立之后的第一项课题，即结合宁波市实际情况提出了发展休闲旅游的重要方向，并对休闲旅游目的地建设进行了展望和设想。这份报告，可以说是宁波市首次针对"休闲旅游"进行的系统研究，为后来提出"长三角最佳休闲旅游目的地"建设目标以及休闲旅游基地建设工作提供了较强的理论支撑。

具体与我们合作的单位是浙江大学宁波理工学院旅游与酒店管理研究所，也是休闲旅游发展研究中心的核心构成。该研究所现有研究人员8 人，其中具有博士学位人员 4 人，硕士学位 4 人，平均年龄不到 35岁，是一支素质高、年纪轻、干劲足、能力强的科研队伍。经过与宁波市各级旅游主管部门和相关企业的深入合作，该研究所在短短的两三年内产生了大量的研究成果，快速发展为宁波市旅游智库的有生力量。

我们与浙江大学宁波理工学院旅游与酒店管理研究所的合作主要包括三个方面的内容：一是制订休闲旅游基地评定标准和评定办法；二是编制全市休闲旅游基地规划纲要；三是制订首批休闲旅游基地建设工作任务书。这三个方面正好是我们全面启动休闲旅游基地建设的"三驾马车"。从时间进度上看，这三项工作既在整体上保持了同步，又在各阶段稍有侧重；从工作内容上看，相互之间既有机联系，又相对独立；从实际效果上看，体现了我们考虑工作的系统性和全面性，成为我们前期工作的重中之重。

二 参考资料

为了少走弯路，我们大胆吸收了近年来各级各地旅游主管部门制定的有关标准，其中包括《杭州市休闲基地评定办法（试行）》、《浙江省旅游强镇检查标准》、《旅游景区质量等级的划分与评定》、《旅游度假区等级划分》、《国家生态旅游示范区建设与运营规范》、《宁波市市级现代服务业产业基地认定办法》。

以上标准既有经过充分实践而相对比较成熟的评定体系，也有最新研究的成果，尤其是后面三项，基本上略早于或同期于我们休闲旅游基地评定标准的制订时间。这些当时还处于制订期间或尚未正式公布的研究成果，给我们休闲旅游基地评定标准的制订工作注入了充满活力和创新的元素。

三 标准出炉

有了以上这些参考资料，我们基本上是"站在巨人的肩膀上"开始了进一步的工作。然而，太多的参考也给我们带来了很大的困扰。纷繁复杂的条款，措辞风格各异的表述，都让我们在每个单项指标的选取上遇到了不小的难题。看看每条都合适，强行拼在一起又凸显不了休闲旅游基地的特色。最后，我们还是从工作思路上着手找出了解决问题的方法。

（一）明确体例

以上提及的六项标准，从体例上看，大致可以分为三类：第一类，以杭州休闲基地和省旅游强镇标准为例，基本上采用了比较简洁和直接的体例结构，先从文字上罗列几项基本条件，然后再制订一个评分表。第二类，以旅游景区、旅游度假区和生态旅游区标准为例，体例结构相对比较复杂，一般分为三个部分：一是与标准密切相关的条款，二是标准本身，三是评分细则。第三类，以服务业产业基地为例，重在突出"管理或认定办法"，对标准只有基本要求。

经过一番比较和思索，考虑到宁波休闲旅游基地标准有望成为中国休闲旅游发展领域的重要试验成果，应该从体例结构上接近于国家旅游局制订的现行行业标准。因此，我们借鉴了旅游景区和旅游度假区标准的基本体例。即第一部分，明确使用范围；第二部分，罗列引用文件；第三部分，解释相关术语和定义；第四部分，规定等级及依据；第五部分，确定必备条件；第六部分，确定一般条件。第五和六两个部分为标准的核心内容。

有了这样一个标准的基本体例以后，还必须解决两个重要的辅助内容：一是与评定标准实施过程密切相关的执行程序和规则；二是评分细则。于是，我们在标准正式出台以后，又配套制订了休闲旅游基地的评定办法和申请评定报告书（含评分细则），它们都是标准的重要附件，与标准起着同样的作用，共同规范休闲旅游基地评定和建设工作。

（二）制订框架

从制订标准的过程来看，确定标准核心内容的主体框架是难中之难。我们首先提炼出各类标准评分表或细则中的一类因子，发现了这样一些关键词：区域范围、资源条件、环境质量、专有设施、活动类型、服务质量、市场影响、经济效益、综合管理、发展规划、组织领导、保障机制等。找到了这些关键词，我们对标准大概将要覆盖哪些方面做到了心中有数。

通过对各类参考标准的分析研究，我们还对工作方案中所提及的"休闲旅游基地"概念进行了进一步的探讨和明确。一方面，对休闲旅游基地的依托主体进行了调整，将原来的"以4A级以上（含4A级）景区、在建重大旅游项目为依托"改为"以旅游景区、度假区和其他具备旅游接待功能的区块为依托"；另一方面，对休闲旅游基地的性质进行了重新定位，将原来的"各类休闲旅游区"改为"各类休闲旅游目的地"。这样一来，我们就明确了"休闲旅游基地"的概念，即"以旅游景区、度假区和其他具备旅游接待功能的区块为依托，主题特色鲜明、产品类型多样、产业要素集聚、休闲功能突出、服务设施完善、管理机构健全，具有一定规模、综合经济效益及市场影响力的各类休闲旅游目的地"。

紧紧围绕"休闲旅游基地"的概念，通过对"基地"的定语部分进行分解，结合从各类标准中所提炼出的关键词，我们提出了休闲旅游基地评定标准的主体框架：必备条件＋一般条件。必备条件包括七个方面：（1）应具有明确的空间边界。（2）应具有统一的管理或协调机构。示范基地应具有统一有效的管理机构。（3）应制定基地发展规划并得到有效实施。（4）应具有已通过评定的 4A 级及以上旅游景区。示范基地还应另外具有一处已通过评定的 3A 级及以上旅游景区。（5）年接待游客应达到 50 万人次，其中过夜游客人天数应达到 10 万。示范基地的过夜游客人天数应达到 20 万。（6）环境质量达到相应国家标准，各种设施的卫生与安全符合相应的国家标准。（7）近两年来无重大旅游安全事故。一般条件包括六个方面：（1）资源与环境；（2）公共设施；（3）产业要素；（4）管理与服务；（5）市场成熟度；（6）社会统筹发展。

（三）正式出台

为了保证休闲旅游基地评定标准的高质量，强化科学性和操作性，待评定标准和评定办法初稿完成后，我们于 2009 年 3 月 10 日和 4 月 15 日向各县（市）区旅游局和局机关各处（室）、所发放了征求意见稿，还到象山等地进行了专题调研。通过两轮意见征求，各地各部门对休闲旅游基地的评定办法和标准都给予了较高的肯定，但也提出了一些合理化建议，主要反馈意见如下：

对基地建设工作的现实意义和工作手段提出的建议：基地建设是一项创新性很强的工作，在宁波试点成功后，应该争取上升成为国家标准；基地建设的重点工作在于整个区块能够形成综合的发展体制和机制，必须上升到县（市）、区政府层面统一协调，划出范围、制定规划、明确管理机构和职能；基地建设工作要有相应的政策配套，要有适当的补助或奖励机制。

针对标准的整体框架提出的意见：基地建设是一个系统性工程，要凸显社会统筹发展的重要意义，要高于现有的景区服务质量评定体系；要强调基地的品牌意义，在完成创建数量的情况下突出质量、拉开层次，如引入"示范区"的概念实行分级评定，每种类型只评出最具代表性的一家；要突破景区评定的标准化模式，做到既有共性也有个性，针对不同类型的基地量身定做一些特殊条款，或实行分类评定；标准本身也要体现"创新性"，如突出新业态、公共空间、户外休闲项目、社会带动性等特色标准。

针对具体的评定指标提出的意见：标准过于重视硬件设施的建设，而对软件部分，如服务质量、社会统筹等方面则强调不够、权重偏低；对床位、餐位等量化指标的设置，应考虑与接待人次的适应，而不宜用具体指标框死，对某些公共设施，如游客中心，应鼓励与社会现有设施共建共享，尽量避免硬件设施的重复投资建设和盲目扩张；4A 景区作为必备条件门槛过高，可以考虑同级景区，5A 或国家级旅游度假区可直接认定。

通过对这些反馈意见的梳理，我们对标准进行了修改和完善，最终于 2009 年 4 月 28 日印发了《宁波市休闲旅游基地评定标准（试行）》和《宁波市休闲旅游基地评定办法（试行）》的通知。这标志着我们的休闲旅游基地建设工作取得了阶段性的重大进展。

第三节　明确建设依据

以各类休闲资源条件为基础，分析休闲基地建设过程中所存在的问题及制约因素，研究海内外休闲市场需求的特点和发展趋势，确定目标市场及阶段性发展目标，提出休闲旅游基地的空间格局、重点项目、营销定位、提升途径，并从政策、资金、人才、技术、环境等方面提出具体保障措施，使之成为宁波市休闲旅游发展的指导性意见和纲领性文件。这是编制宁波市休闲旅游基地规划纲要的主要目的。

一　发展目标与战略

依托并整合现有的优势资源和服务设施，深入挖掘原有"都市"、"山水"、"人文"、"海洋"主题中的休闲内涵，打造一批主题鲜明、层次分明、布局合理、旅游要素高度集聚的"一站式"休闲旅游基地。争取到 2012 年，在全市建成 20 个休闲旅游基地，使其成为宁波市提升休闲度假市场吸引力和接待能力的核心区域。

规划应该站在提升宁波市旅游业整体竞争力的高度，统筹安排休闲旅游基地的空间布局和开发时序，使休闲旅游基地的发展与旅游业的整体发展相协调，与全市的服务业发展乃至全市社会经济发展相适应。立足于各地区现有旅游资源及景区特性，评估其聚合旅游服务设施及形成休闲旅游产品的能力，根据不同的市场辐射力水平和主题特色，确立休闲旅游基地的布局，实现宁波市大市范围内的产品互补性。休闲旅游基地的创建和推进应遵循"创建一批、规划一批"的滚动发展思路，按照各地区建设休闲旅游基地条件的成熟度，合理规划休闲旅游基地的开发时序。先建成的基地应起到良好的示范作用，后续创建的基地在吸取先建基地发展经验的同时要不断创新，最终使得休闲旅游基地体系成为宁波市旅游业不断创新和发展的重要平台。要坚持以市场需求为导向，以提升对市场的吸引力为目标，围绕优势旅游资源，深度开发体验性休闲旅游产品，形成极具特色的旅游目的地，提高旅游综合经济效益。

二 空间发展格局

兼顾近期和远期发展目标，遵循尊重现实基础，优化资源配置，凸显功能集聚，体现未来趋势四大原则，对宁波市休闲旅游基地的空间布局做如下安排。延续全市旅游总体规划中"一核两翼"的战略构想，结合前阶段的发展基础，将休闲旅游基地的总体布局构建为"一核四组团"。"一核"强调原有"都市核"中的综合性休闲功能的发展，"四组团"则进一步明确"两翼"上的山、海、港、桥四个休闲旅游发展要点。通过四大组团的辐射和带动作用，推动"山海"两翼延伸发展，相互交融，形成充满力量的"弓形"格局。

都市休闲核以海曙、江东、江北、鄞州（不包括西部四明山区）以及东钱湖旅游度假区为主体，以现代国际港口城市的风情及传统现代交融的文化为特色，依托丰富的旅游接待服务要素，充分利用和开发东钱湖旅游度假区的综合休闲接待能力，加快都市标志性旅游项目和特色文化街区的建设，提供都市人文、都市风光、都市购物、近郊生态农业的综合性都市休闲旅游产品。

大桥—余慈组团包括慈溪和余姚北部，利用杭州湾大桥开通所带来的客源市场效应，以桥、海、山相融合的风光及滨海海洋文明为主要特色，重点发展滨海休闲、国际商务、高端健身和滨海运动项目，提供滨海滩涂探险、健身运动休闲、海滨滩涂农业体验及户外运动等体验性休闲产品，并成为长三角乃至全国性的高端商务健身休闲区。

大港—镇海、北仑组团，以东方大港、现代港口工业和海防文化为主要特色，依托原有的工业旅游、港口旅游和现代主题乐园，重点发展科普类休闲旅游产品、海防体验休闲和现代娱乐休闲产品，成为宁波市旅游西线海洋翼的中心区块。

大山—四明山组团，包括余姚、奉化和鄞州的四明山区域，并延伸到宁海西部山区，依托山水景观资源、森林生态资源以及蕴含其中的丰富的人文积淀，为长三角大众休闲市场提供山地运动休闲、森林养生休闲、红色文化体验、山水生态休闲多种类型的产品，成为宁波市西部山区核心的休闲板块。

大海—象山港组团，覆盖象山、奉化、宁海沿海区域，围绕海洋这一核心，突出沙滩、海水、海岛风情、海洋渔业文化、滨海民俗文化、海洋美食为一体的滨海旅游特色，为长三角及全国中高端休闲旅游者提供保健养生、滨海度假、海洋运动等深度海洋休闲产品，成为长三角滨海休闲度假的最佳基地。

三 发展重点

根据基地的建设时序，基地可以分为创建一批和规划一批两类，其中，在创建一批中，前 10 个基地要求在 2010 年前完成创建，后 10 个基地要求在 2012 年前完成创建；规划一批中的基地原则上要求在 2015 年前完成创建。根据基地规划面积的大小，基地可以分为大型、中型和小型三类。其中，面积在 90 平方公里及以上的为大型休闲旅游基地，面积在 10—90 平方公里的为中型休闲旅游基地，面积在 10 平方公里以下的为小型休闲旅游基地。根据休闲旅游基地所依托的资源种类，休闲旅游基地可以分为景区型、度假区型、特色街区型、旅游城镇型四种类型。

表 7—1 　　　　　　　宁波市休闲旅游基地发展重点一览

序号	基地名称	建设时序	基地规模	依托资源
1	溪口山水人文旅游基地	2010 年前	大型	景区
2	宁海森林温泉度假基地	2010 年前	中型	度假区
3	松兰山滨海度假基地	2010 年前	大型	度假区
4	鄞州新城都市休闲基地	2010 年前	中型	特色街区
5	达蓬山文化旅游基地	2010 年前	大型	度假区
6	九龙湖休闲度假基地	2010 年前	中型	度假区
7	东钱湖休闲度假基地	2010 年前	中型	度假区
8	余姚四明山度假基地	2010 年前	大型	旅游城镇
9	慈城古县城文化旅游基地	2010 年前	小型	旅游城镇
10	东外滩休闲旅游基地	2010 年前	小型	特色街区
11	和义路休闲购物基地	2012 年前	小型	特色街区

序号	基地名称	建设时序	基地规模	依托资源
12	凤凰乐园游憩基地	2012 年前	小型	特色街区
13	石浦渔文化休闲旅游基地	2012 年前	大型	旅游城镇
14	招宝山东海风情休闲基地	2012 年前	小型	旅游城镇
15	天童—育王佛教旅游基地	2012 年前	中型	景区
16	杭州湾滨海运动休闲基地	2012 年前	中型	度假区
17	洪塘生态休闲旅游基地	2012 年前	小型	景区
18	萧王庙生态旅游基地	2012 年前	中型	旅游城镇
19	宁海湾游艇度假基地	2012 年前	中型	度假区
20	环牟山湖休闲旅游基地	2012 年前	大型	旅游城镇
21	九峰山休闲旅游基地	2015 年前	中型	景区
22	余姚三江六岸古城休闲基地	2015 年前	中型	特色街区
23	鸣鹤—上林湖休闲旅游基地	2015 年前	中型	景区
24	阳光海湾休闲度假基地	2015 年前	中型	度假区
25	大塘港休闲旅游基地	2015 年前	大型	度假区
26	鄞西山水休闲旅游基地	2015 年前	大型	旅游城镇
27	梁祝文化旅游基地	2015 年前	小型	景区
28	宁波帮文化休闲基地	2015 年前	中型	旅游城镇
29	洋沙山滨海旅游基地	2015 年前	中型	景区
30	月湖文化旅游基地	2015 年前	小型	特色街区
31	老外滩文化休闲基地	2015 年前	小型	特色街区
32	世纪东方广场休闲基地	2015 年前	小型	特色街区
33	东部新城商务休闲基地	2015 年前	中型	特色街区

第四节　实地调研　掌握一线情况

　　至 2009 年 6 月，《宁波市休闲旅游基地建设工作方案》、《宁波市休闲基地评定标准（试行）》和《宁波市休闲基地评定办法（试行）》等文件已经陆续出台，《宁波市休闲旅游基地规划纲要》已完成送审稿，休闲旅游基地预备名单库已基本形成，全市休闲旅游基地建设工作已有序展开，即将进入下一阶段。

　　为了进一步了解各地休闲旅游基地建设工作开展情况，完善预备名单库，确定首批创建单位，2009 年 6 月 11—30 日，市基地办全体成员赴各县（市）、区旅游局及基地所在地开展了一次全面的调研工作。

此次调研工作得到了各级领导的高度重视。市旅游局局长在听取了有关基地建设上一轮工作情况的汇报后提出了深入基地、开展调研的工作要求；市基地办主任率队考察，主持座谈会，同各县（市）、区旅游局交换思想，部署工作；余姚、江东、江北、鄞州、镇海旅游局及东钱湖经发局的主要领导参加座谈，其余县（市）、区旅游局也都由分管领导进行了工作汇报，奉化旅游局还通知溪口管委会主要班子成员一并到会。

此次调研工作主题突出，基本上围绕三个层面逐一展开：其一，有哪几个基地；其二，哪些是首批创建基地；其三，首批创建基地的范围和主体。大家就这三个问题逐一进行了讨论和确定，余姚、奉化、镇海、江东等地还就首批创建基地的主要工作任务进行了进一步的探讨。

除了与各县（市）、区旅游局通过召开座谈会的形式商议和部署工作外，调研小组还赴鄞州中心区、天童、温泉等基地进行了实地的考察，对于情况比较特殊的海曙区，则通知分管领导到市局汇报工作。

一　前期成效

通过前几次重要会议的动员和工作部署，各县（市）、区对休闲旅游基地的建设工作都表现了较高的热情，一致认为这是宁波市旅游发展的一项重要创新工作。在这一轮调研中，大家进一步达成共识，认为休闲旅游基地评定工作将是宁波市旅游发展的重新洗牌和新一轮竞争。各地都应把休闲旅游基地建设工作作为自身发展的客观需要，是提升产业、丰富业态、营造氛围的新抓手。

在各地上报备选基地名单的基础上，经过两轮的初审、审核，已经对部分基地进行了调整。在此次调研中，又对江北、北仑、江东等地的备选基地再次进行了较大调整，包括对慈城和绿野山庄的合并，苏湖与保国寺、都市园区的整合，北仑太河路旅游产业带的拆分，以及新增了老外滩、东外滩、世纪东方等备选基地。经过这一轮调整，目前全市休闲旅游基地备选名单已增至 33 家。根据规划，第一批为创建单位，共20 家，要求于 2012 年前完成创建工作，其中前 11 家为首批创建单位，包括奉化溪口、宁海温泉、象山松兰山、鄞州新城区、慈溪达蓬山、镇海九龙湖、东钱湖、余姚四明山、江北慈城、北仑凤凰乐园、江东东外滩，要求于 2010 年前完成创建工作。第二批为规划名单，共 13 家，对创建时间不作具体要求，但鼓励加快发展、努力创建。

在这一轮调研中，各地旅游局进一步明确了自己的工作职责，对指导基地创建工作的角色定位有了充分的意识，并对如何做好推进工作进行了体制机制方面的深入探讨。如镇海旅游局提出成立"三层式"的组织机构体系设想，即区政府成立基地创建领导小组，旅游局建立指导小组，基地创建主体具体负责制定并实施创建方案；东钱湖计划将国家旅游度假区创建工作与市休闲旅游基地创建工作相结合，设立统一的创建办公室等。这些都对宁波市休闲旅游基地创建的体制机制完善有很强的参考意义。

二 主要问题

此次调研中也反映出关于思想认识、基地选取以及创建时序等方面的主要问题。

尽管各地对休闲旅游基地都表现出相当的重视，但出于对标准的理解还存在着误差，也产生了一些片面的认识。有的地方提出休闲旅游基地无非是在景区的基础上"换块牌子"、"包装一下"，缺乏对休闲旅游基地同一般景区区别对待的认真分析；有的地方认为休闲旅游基地"不过又是一次创建"，存在"老运动员"的侥幸心理。这些想法的存在有一定的客观原因，有待于我们在下一步的实践工作中不断加强沟通，最关键的是树立样板，以实际成效说明问题。

受资源禀赋条件的限制，各地备选基地的情况并不平衡，尤其是在基地的选取和范围划定问题上，出现了漏报、放大、缩小、打擦边球等情况。尽管全市休闲旅游基地备选名单库已经确定下来，但有个别基地还存在一些争议，比较集中的问题在于以下两个方面。一是超大型基地，这类基地的范围一般都有上百乃至数百平方公里，其间不仅包括自然山体或湖泊，也包括现存的居住区。这样大的范围，不仅给规划建设带来一定的困难，也不利于日后的评定工作。但在交流中我们不难发现，各地对于这种情况往往难以取舍，因为存在客观的历史原因和发展需要，比如四明山、东钱湖等地。为了妥善处理这个难题，我们提出设置"核心区"的概念，同时保留了"规划范围"和"核心区范围"两个范围选项，前者利于基地的长远发展，而后者利于开展评定工作。二是城区型基地，这类基地主要位于县（市）、区的建成区，尤其以市六区较为突出。这类基地面积偏小，有的缺乏高等级旅游景区的支撑，与旅游相关的基地设施也有明显不足，但它们的共同点都是城市休闲游憩功能突出，住宿、餐饮、购物、娱乐等旅游产业要素相对集中，是城市旅游不可或缺的重要组成，比如老外滩、天一广场、东方世纪广场、鄞州新城区等区块。这个难题目前还未有很好的解决办法，是否需要改用专项基地的评定办法还有待通过实践来进一步探讨。

按照规划，目前已经纳入创建计划的基地有 20 个，其中前 11 家为首批创建单位，要求于 2010 年前完成创建工作。对这一工作计划大家基本上没有什么争议，但普遍提出不应以简单的年度指标的方式来安排创建时序。而对于首批创建基地，规划也与各地的推荐名单存在一定的差距，比如慈溪的杭州湾和达蓬山、镇海的九龙湖和招宝山，都在创建的先后顺序上存在分歧。虽然这些问题在这次调研中有所调和，但难免不在日后的创建和评定工作中另生枝节。因此，我们建议不硬性规定基地创建时间，以评定办法所列程序为准，在工作任务书中明确验收时间，成熟一批评定一批。

三　下一步打算

经过前段时间的探索，我们基本上完成了有关休闲旅游基地的理论探索工作，逐步进入了基地创建的实际操作阶段。下一阶段，我们将从以下几个方面着手加快推进全市休闲旅游基地建设工作：对已经明确的首批创建基地，要求所在的县（市）、区旅游局上报创建工作计划，关键是确立基地范围、规划定位、管理主体以及重大项目，制订并签订工作任务书；通过实地考察指导，参与建设方案论证，协调解决重大问题，督促上报项目进展情况等多种举措，全力推进各大休闲旅游基地的建设；聘请相关专家、学者成立宁波市休闲旅游基地评定委员会，对基本完成工作任务，自检结果达到休闲旅游基地评定标准的，委员会采取现场检查、资料审核、抽样调查等方式对申报的休闲旅游基地进行评分。

第八章　加快推进

如果说制订标准和规划都还是"纸上谈兵"的话，"真枪实战"的基地建设工作要从市基地办与各大基地创建单位签订任务书开始算起了。有了这份任务书，市基地办对基地创建的进展情况基本上做到了"了如指掌"，并进一步开展了中期评估和专家评定，命名了宁波市首批休闲旅游基地，收获了基地建设的阶段性成果。

第一节　确定工作任务

2009 年伊始，宁波市旅游局开始安排年度重点工作的计划。休闲旅游基地建设工作顺理成章地成为该年度全局首项重点工作。与之相呼应，宁波市旅游局面向各县（市）、区政府的年度旅游工作考核，也把休闲旅游基地建设列入考核内容。按照政府部门考核的常规套路，完成任务的情况最好能够定性定量。于是，与各县（市）、区签订休闲旅游基地建设工作任务书的计划摆上了议程。

一　签订任务书

签订任务书之前，我们必须先做好三项工作：第一，明确首批休闲旅游基地创建名单；第二，明确任务书签订主体；第三，明确任务书具体内容。

这三项工作基本上是与休闲旅游基地规划纲要的编制过程同步进行的。2009 年 4 月下旬，我们设计了一份"宁波市休闲旅游基地（备选）调查表"，并下发到各县（市）区旅游局，要求它们根据标准，结合本辖区旅游项目发展和规划的情况，遴选并推荐一批备选休闲旅游基地。各地积极踊跃填报，后经市基地办汇总并与相关单位反复核对，产生了一份有 33 个备选基地的名单表。考虑到基地的成熟情况，市基地办还对这 33 个备选基地进行了创建时间上的分段。这份表格同时也成为规划的核心内容。

备选名单产生后，市基地办又对有条件在 2010 年以前完成创建的 12 家单位进行了进一步的实地调研，并与基地管理单位和当地旅游局进行了座谈，就基地范围、管理或创建主体、发展方向等核心内容进行了沟通和明确。初步完成以上基础性工作之后，市基地办要求各单位上报创建方案。2009 年 7 月中旬，最终有 10 家单位上报了正式的基地创建方案。随后，市基地办在各地上报的创建方案的基础上，以标准要求为规范，对基地建设工作任务书进行了统一设计和梳理，确定了主体框架（如图 8—1 所示）。

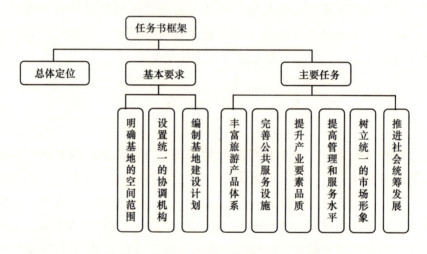

图 8—1　休闲旅游基地建设工作任务书框架

2009 年 10 月，在全市旅游局长例会上，我们同县（市）、区旅游局长签订了首批 10 个休闲旅游基地建设工作任务书。

表 8—1　　　　宁波市首批休闲旅游基地创建单位简介

序号	名称	基地范围	总体定位
1	溪口山水人文旅游基地	位于奉化溪口镇，以溪口·雪窦山国家级风景名胜区为主体，规划面积 93.99km²	依托溪口国家级风景名胜区的人文底蕴和山水风光优势，打造以名人、名刹、名山、名水兼容辉映为特色，以观光游览、休闲度假和生态保全为主要功能的长三角最佳度假休闲区和海内外著名旅游目的地

序号	名称	基地范围	总体定位
2	宁海森林温泉度假基地	位于宁海深甽镇,包括温泉旅游区和深甽镇服务中心,规划面积45km²	依托南溪流域"温泉、森林、古镇"的特色资源组合优势,打造以温泉度假、古镇休闲为主题,集康体理疗、商务、会议等多功能于一体的长三角最佳温泉旅游小镇
3	松兰山滨海度假基地	位于象山县丹东街道,包括松兰山滨海旅游度假区、大目湾新城、中心城区和爵溪街道局部,规划面积98.99km²	依托松兰山地区优良的海滨浴场、优美的滨海风光、良好的生态环境和度假气候,打造以滨海度假、海上运动为主题,集观光、疗养、商务、会议等多功能为一体的滨海生态旅游度假区
4	鄞州新城都市休闲基地	位于鄞州新城区,规划面积29km²	依托万达广场、宁波博物馆、高教园区、天宫庄园休闲旅游区及高星级酒店群等商贸、文化、旅游资源,打造集文化体验、都市游憩、生态旅游、运动休闲等多功能于一体的城市花园
5	达蓬山文化旅游基地	位于慈溪龙山镇,包括达蓬山旅游度假区和龙山新城区块,规划面积40km²	依托达蓬山—伏龙山地区"山、海、湖、史"等特色资源,打造集山水观光、运动休闲、养生度假等功能于一体的杭州湾南岸重要的休闲旅游区块
6	九龙湖休闲度假基地	位于镇海九龙湖镇,北至慈溪界,东至姚江东排329国道界,南至汶骆路界,西至江北区界,规划面积约44.35 km²	依托九龙湖地区优美的湖泊风光和良好的生态环境,打造集文化观光、生态旅游、休闲度假、娱乐运动、商务交流、科普教育以及景观房产等多项功能于一体的现代城区生活旅游度假综合体
7	东钱湖休闲度假基地	位于东钱湖旅游度假区东钱湖镇,以环南湖岸线块和湖东山地区块为主体,规划面积60km²	依托东钱湖旅游度假区的人文底蕴和山水风光优势,打造以湖泊休闲和商务会议为特色的国家级生态旅游度假区和长三角著名的休闲度假基地
8	余姚四明山度假基地	位于余姚梁弄、大岚、四明山镇所在四明山区域,规划面积150km²	依托四明山地区独特的高山台地气候、生态山水、山村风情、革命遗迹、唐诗之路及道教文化等优势资源,打造以观光、修学教育为基础,以会议、度假、山地运动为核心,长三角地区重要的休闲旅游目的地
9	慈城古县城文化旅游基地	位于江北慈城镇,以慈城古县城景区为主体,规划面积2.17km²	依托慈城"中国古县城标本"的深厚文化底蕴,打造以慈孝之乡、进士摇篮、儒学胜地为主题特色,集文化观光、文化休闲、文化娱乐、文化体验和文化度假于一体的文化旅游综合体验型旅游目的地

序号	名称	基地范围	总体定位
10	东外滩休闲旅游基地	位于江东三江口区块，北至庆丰桥，南至中山东路，东接江东北路，西滨甬江，规划面积1.5 km²	依托天后宫、庆安公园、杉杉公园、金光百货、新世界百货、大红鹰工业旅游点、宁波书城、和丰创意广场、郁金香酒店等旅游资源，打造具有丰富历史文化内涵、商业休闲设施配套齐全、风貌协调、功能完善、特色鲜明的休闲旅游特色街区

二 案例分析

下面以象山县松兰山休闲旅游基地为例来说明我们从"调查表"→"创建方案"→"任务书"的具体工作流程。

第一步：填写并上报调查表。

表8—2　　　宁波市休闲旅游基地（备选）调查表

填报单位：象山县风景旅游管理局	序号：1
基地名称（暂定）	松兰山滨海旅游休闲基地
建设阶段	□创建 √在建 □规划（在相应的□中打√）
地理位置	象山丹城
范围和面积	规划面积98.99平方公里（包括大目湾新城）
发展现状（资源特色、基础设施、产业要素配置、管理机构）	基地包括松兰山度假区、大目湾新城、中心城区和爵溪街道局部，基地以松兰山度假区为中心、休闲度假为特色的滨海休闲旅游基地，基地岛礁、沙滩、港湾、岬角、岸礁遍布，山连山、滩连滩，风韵独特、美不胜收。基地内成立了松兰山管理处，内有酒店、高尔夫练习场、沙滩游泳、汽车露营等设施项目
景区经营情况（景区概况、等级、接待量、经营收入）	基地内松兰山度假区为国家4A级旅游度假区，区内两家四星级酒店、两个沙滩、一家海岛狩猎度假村、一个高尔夫练习场、一个汽车露营基地对外营业，2008年景区共接待游客106.54万人次，总收入518.22万元
在建项目情况（项目概况、投资主体、总投资额、实际投入及形象进度）	基地在建项目中，松兰山企业家俱乐部即将完工；心海度假村由上海达天实业有限公司投资1.5亿元开发建设，目前正在进行一期五幢大体量别墅及会所的建设；白沙湾度假村由法国新时代投资公司和绿城集团共投资4.8亿元，目前正在进行二期土地征用及一期项目的开工筹备
总体发展思路（总体定位和发展方向、功能分区、产品体系、市场定位、重点项目策划）	松兰山休闲旅游基地是一个以优良的海滨浴场、良好的生态环境和度假气候、优美的滨海风光为特色的滨海生态旅游度假区。市场定位为：以周边市场为基础，华东市场为重点，兼顾国内其他市场和部分海外市场，凭借松兰山独特的海洋旅游资源，充分利用浙东黄金线和沪南旅游线以及宁波市域内旅游网络的串线组合优势，进行旅游市场的深度开发。重点项目：松兰山度假区、心海度假村、白沙湾度假村等

第二步：制定并上报基地创建方案。

表8—3   **象山松兰山滨海度假基地创建方案**

为充分发挥宁波市旅游资源优势，进一步促进旅游产业集聚发展和转型升级，打造"长三角最佳休闲旅游目的地"核心产品和目的地子系统，宁波市旅游局出台了《宁波市休闲旅游基地建设工作方案》(甬旅字〔2009〕14号)、《宁波市休闲基地评定标准(试行)》和《宁波市休闲基地评定办法(试行)》(甬旅字〔2009〕45号)等文件，全市休闲旅游基地备选名单库初步建立。为进一步推动象山休闲旅游基地建设工作，确保松兰山滨海度假基地建设顺利进行，特制定本工作方案

1. 指导思想

深入实施"旅游富民"战略，以创建宁波市休闲旅游基地为契机，进一步整合旅游资源，优化旅游产业结构，完善旅游要素配置，提升旅游服务质量，增强旅游核心竞争力，加快"休闲象山"建设步伐，努力把象山打造成为长三角重要的滨海休闲度假目的地

2. 基地现状

松兰山滨海度假基地位于象山丹城街道，包括松兰山度假区、大目湾新城、中心城区和爵溪街道局部，规划面积98.99平方公里。目前是以松兰山度假区为中心、休闲度假为特色的滨海休闲旅游基地，度假村内岛礁、沙滩、港湾、岬角、岸礁遍布，山连山、滩连滩，风韵独特、美不胜收。松兰山度假区成立了松兰山管理处，内有四星级酒店、高尔夫练习场、沙滩游泳、汽车露营等设施项目，并有一个以海岛狩猎、度假为主的金沙湾度假村，另外心海度假村、白沙湾度假村、东海铭城项目等一批旅游项目正在建设当中。大目湾新城、东海明珠岛尚处于计划中，建成后将是集旅游、居住、商务等多方面为一体的滨海新城

3. 发展目标

坚持高起点规划、高标准设计、高质量施工，依托松兰山优良的海滨浴场、良好的生态环境和度假气候，把松兰山滨海度假基地打造成一个以休闲度假、康疗养生为主题，争取在年内创建完成松兰山滨海度假休闲基地，把基地创建成为集观光、商务、会议等多功能为一体的滨海生态旅游度假村

4. 创建主体

松兰山滨海度假基地实施主体：象山县风景旅游管理局、松兰山管理处

中心城区实施主体：象山县风景旅游管理局、丹东街道

大目湾新城实施主体：大目湾管委会

爵溪街道实施主体：爵溪街道办事处

5. 主要任务

(1) 完善旅游发展规划，推进旅游项目建设

在基地现有的规划基础上，按照"以资源为依托，以市场为导向"的规划原则，重新确立以休闲度假为主、商务会议为辅的发展方向，延伸规划框架，将分布在基地范围内的旅游资源进行规划整合，实现资源、产品、线路、客源的对接，为基地的未来提供广阔的发展空间

要围绕"打造休闲象山"、创建松兰山滨海度假基地的目标，落实基地内休闲旅游产业规划，推进基地内旅游重点项目的开发建设，重点突破白沙湾度假村、心海度假村、东海铭城项目等县重点实施工程建设(责任单位：县风景旅游管理局、县发改局)

(2) 强化旅游配套设施建设，提升城市旅游功能

要加快基地内主要景区间的快速交通建设，开辟旅游专线车、观光巴士和旅游公交，完善旅游交通标识牌，为社会散客和市民提供便捷的旅游交通服务。要加快旅游饭店、餐馆、娱乐、购物场所、停车场、旅游厕所等旅游服务设施建设，设立旅游集散中心、旅游购物中心、旅游信息中心和旅游咨询服务点，建设旅游购物场所和步行商业街区，做大海鲜特色餐饮，策划适合常年表演的地方特色文化活动，设置和完善规范、醒目的公共信息图形符号，满足游客的各种消费需求(责任单位：县风景旅游管理局、县交通局、县粮贸局、县建设局、县环保局)

（3）强化旅游行业管理，提升旅游发展软实力

以旅游创优、集中整治、安全管理、旅游培训等为抓手，加大行业管理力度，切实提高旅游行业管理水平，强化旅游行业规范管理。高度重视基地内旅游及其相关行业的服务管理工作，设立游客投诉中心，及时处理各类旅游投诉和旅游市场规范工作。进一步强化旅游安全监督工作，完善旅游安全管理制度和措施，落实安全责任制，杜绝重大旅游安全事故的发生。健全旅游应急救援机制，重点景区设立警务室、医疗救护点。要加快旅游人才队伍建设，全面实施"名导"、"明星"、"名企"等培养工程，大力引进规划、行管、营销、导游等方面的专业人才，切实提高旅游服务质量（责任单位：县风景旅游管理局、县安监局）

（4）加大旅游资源保护力度

要按照"合理开发、科学保护、持续发展"的总体要求，加大旅游资源保护专项资金投入，确保旅游资源的整合优化。要强化旅游部门在旅游投资项目的审核把关作用，确保旅游发展规划的有效实施。要注重生活环境的保护，提高生活垃圾无害化处理率、生活污水无害化处理率和饮用水质合格率，努力控制城区噪声、空气污染指数（责任单位：县环保局、丹东街道、丹西街道、爵溪街道）

第三步：将创建方案改编成任务书。

表 8—4 　　　　　　　松兰山滨海度假基地建设工作任务书

1. 总体定位

依托松兰山地区优良的海滨浴场、优美的滨海风光、良好的生态环境和度假气候，加快休闲度假项目建设，完善功能，丰富业态，争取在 2010 年以前完成宁波市休闲旅游基地的创建，并将松兰山滨海度假基地打造成为以滨海度假、海上运动为主题，集观光、疗养、商务、会议等多功能为一体的滨海生态旅游度假区

2. 基本要求

（1）明确基地的空间范围。松兰山滨海度假基地位于象山县丹东街道，包括松兰山滨海旅游度假区、大目湾新城、中心城区和爵溪街道局部，规划面积 98.99 平方公里

（2）设置统一的协调机构。2009 年成立松兰山滨海度假基地协调委员会，由分管副县长任主任，象山县风景旅游管理局（含松兰山管理处）、丹东街道办事处、爵溪街道办事处、大目湾管委会及相关部门领导为主要成员，办公室设在象山县风景旅游管理局，为基地创建工作的实施主体

（3）编制基地建设计划。以现有规划为基础，重新确立以休闲度假为主、商务会议为辅的发展方向，延伸规划框架，将分布在基地范围内的旅游资源进行整合，于 2010 年修编完成《松兰山旅游度假区总体规划》，并以此为基础编制完成《松兰山滨海度假基地建设行动计划》

3. 主要任务

（1）丰富旅游产品体系。2010 年以前完成松兰山度假区内的基础设施改造工程，主要建设内容为：观景平台、污水处理系统、滨海观光道、入口道路、沙滩设施。完成企业家俱乐部、心海度假村会所及大体量 VIP 客房项目。续建白沙湾度假村、太阳岛滨海高尔夫等项目。启动东海铭城项目。在建旅游项目累计完成投资达到 3 亿元，总投资额达 40 亿元。推进松兰山滨海旅游度假区创建国家 5A 级旅游景区和国家级旅游度假区

（2）完善公共服务设施。2009 年启动象山县旅游集散中心的规划建设工作；2010 年以前建成以松兰山度假区为中心覆盖整个基地的公共交通网络，设置专用步行道，提供特色交通工具；生态停车场面积达 70%；三星级及以上厕所达 100%；完善景区游客中心功能，设置 3 处以上游客服务点；基地内标识标牌系统完善；其他公共设施达到相应标准

（3）提升产业要素品质。2010 年以前成功开发夜间娱乐、旅游剧场、旅游节庆等一批特色休闲活动，培育一项招牌性的特色休闲活动，设置 10 类以上户内外休闲设施；总床位数超过 1000 张，三星级及以上标准达 50%，并发展家庭旅馆、青年旅馆、自驾车营地等非星级住宿接待设施；总餐位数超过 2000 个，具备高中低各种档次，能够提供全天候餐饮服务；开辟专设的旅游购物场所和步行商业街区，开发具有本地特色的旅游商品体系

（4）提高管理和服务水平。进一步健全管理机构和经营管理各项制度，2010 年以前逐步完善旅游投诉、旅游安全、旅游统计、资源环境保护及游客管理机制；妥善解决沙滩和山林的经营权和管理权问题，全面实施"名导"、"明星"、"名企"等培养工程，切实提高旅游服务质量

（5）树立统一的市场形象。努力打造"长三角滨海度假胜地"品牌，至 2010 年实现基地年接待游客 120 万人次，过夜游客 20 万人天，平均停留天数 2.5 天，旅游综合收入 2500 万元等主要经济指标，游客满意度测算不低于 85%

（6）推进社会统筹发展。至 2010 年，基地协调委员会能够与当地居民建立起畅通、有效的沟通和协调机制；基地内旅游及相关服务企业占企业总数的比重达到 60%，主要企业管理水平较高，经营效益良好；基地内 30% 以上的公共服务设施能够为当地居民所共享；继续深入实施"旅游富民"、"旅游惠民"战略，为当地居民提供 300 个以上直接或间接就业岗位，农家乐及旅游商品经营户年均创收达到 2 万元

三 推出两大保障

为了切实保障基地建设工作任务书能够得到有效的执行，按照政府工作的常规程序，我们还设置了两个重要的后续环节：一是工作考核；二是补助奖励。

政府为进一步加大对旅游工作的主导力度，于 2005 年出台了《宁波市旅游工作目标考核办法》，通过对各级政府、各部门的监督考核，形成旅游发展的合力，共同推进宁波市旅游业的健康发展。

考核工作在宁波市旅游经济发展领导小组领导下，由领导小组办公室（设在宁波市旅游局）组织实施。每年终，领导小组办公室按照年初下达的工作任务和考核办法，采用检查台账资料及工作实绩等相关方法对各县（市）、区和有关部门进行综合评定，提出获奖名单，报宁波市旅游经济发展领导小组审定，并以宁波市人民政府名义组织表彰奖励。对县（市）、区政府的考核奖项设置为综合奖和单项奖。

《宁波市旅游工作目标考核办法》出台后，受到各级政府、部门的高度重视，各县（市）、区党委、政府纷纷召开专题会议，研究发展战略，制定发展目标，落实发展措施，并出台了扶持旅游业发展的一系列政策，有效地促进了政府主导性战略的实施。县（市）、区政府还参照市里的做法，把旅游发展成效与领导业绩相挂钩，对各乡镇及相关部门

实施旅游工作目标考核，进一步提高了旅游产业的地位，拓宽了旅游业发展的空间。

2009年，我们根据基地建设工作的推进进度，在当年印发的全市旅游工作评价实施办法中补充了有关休闲旅游基地建设的评分细则，并设置了"休闲旅游基地和商务会议基地建设成果奖"，此单项奖根据各县（市）、区休闲旅游基地和商务会议基地的推进情况及取得的成效进行综合评定。

表8—5　　　　　　　2009年宁波市旅游工作综合奖评价评分表

序号	考核内容	标准得分
3.6	积极推进休闲旅游基地建设，创建市示范基地成功（以发文为准，下同）得40分，创建基地成功得30分，列入年度创建名单并完成任务书主要工作任务得15分，本年度未列入创建名单的不得分	40

2010年，我们又结合实际情况对评分细则进行了调整，并将单项奖的设置改为"旅游基地建设成果奖"。

表8—6　　　　　　　2010年宁波市旅游工作综合奖评价评分表

序号	考核内容	标准得分
3.8	成功创建休闲旅游基地、商务会议基地的每个分别加40分（示范基地再加20分），成功创建专项旅游基地的每个加20分（以发文为准）	

除了工作目标考核外，我们还会同市财政局开展了基地建设的补助和奖励。其中，补助对象为已经正式签订建设工作任务书的基地，补助标准为10万元；根据《宁波市休闲旅游基地建设奖励实施办法》，奖励对象为已经被正式命名的基地，奖励标准为10万元（示范基地为15万元）。补助和奖励每年核准发放一次，都是一次性经费，主要用于编制基地规划，策划基地项目，完善服务设施，开发网络管理系统等用途。

第二节　开展中期评估

为进一步推进全市休闲旅游基地建设，总结上阶段工作开展情况，评估创建成效，市旅游局于 7 月 22—23 日在溪口风景区召开"全市休闲旅游基地创建工作中期评估会"。市基地办、各县（市）区旅游局分管领导和规划科负责人、各创建单位共 30 余人参会。会议还与北仑区旅游局签订了"北仑太河路旅游产业带休闲旅游基地建设工作任务书"。

一　树立典型

宁波溪口雪窦山风景名胜区管委会为办好这次现场会作了充分的准备，不仅安排了三隐潭观光小火车和索道项目的考察，管委会还作了题为"以创建山水人文旅游示范基地为载体，加快推进溪口旅游产业升级转型"的典型发言，并在现场展示了基地创建的台账资料。

溪口管委会的典型发言牢牢抓住创建宁波山水人文旅游示范基地的工作主线，提出了五大转型，全面展示了传统观光景区向休闲旅游目的地升级的历程：实施精品旅游工程，实现"观光"向"休闲"转型；完善旅游配套设施，实现"快走"向"慢游"转型；创新旅游产品开发模式，实现"春夏"向"四季"转型；转变经营理念，实现"门票"向"综合"转型；扩大管理服务范围，实现"景点"向"全程"转型。

二　交流情况

首批 10 家创建单位和县（市）、区旅游局也对各自的基地创建工作进行了汇报交流，既总结了上阶段工作成果，也对创建工作中所遇到的问题和难点进行了探讨。我们还对 10 家创建基地建设工作进行了书面材料交流。

下面以溪口为例加以说明。

表8—7　　　　　　溪口山水人文旅游基地建设工作推进情况一览

序号	工作任务	具体任务完成情况
1	明确管理机构和创建主体	明确溪口风景区管委会为溪口山水人文旅游基地的常设管理机构和创建主体；成立溪口创建宁波市山水人文旅游基地工作领导小组，下设创建办公室，创建工作扎实开展
2	编制基地规划或建设计划	编制完成《溪口山水人文旅游基地建设行动计划》
3	丰富旅游产品体系	完成溪口—滕头创建国家5A级旅游景区工作；完成三十六湾村创建省三星级乡村旅游点工作；完成三隐潭二期索道、有轨电车工程；完成弥勒配套工程"四大金刚"建设；基本完成旅游景区星级旅游商品评定工作
4	完善公共服务设施	溪口旅游集散中心正式对外开放，营运状况良好；基本完成溪口旅游专线设计放样、土建钻探、招投标、堤防基础浇筑、堤防挡墙砌筑；三隐潭二期工程索道、小火车开始运营，服务配套设施也全面完成；景区30辆特色性区域出租车开始运行，反应良好；基本完成溪口区内交通路段、街面路面广告牌、自来水网、人行道等旅游节点的改造，提升景区整体服务功能；武岭公园改建工程已启动
5	提升产业要素品质	编制完成剡溪亮灯工程规划；锦堤路依江一带开设民间小宾馆，形成山水相依的特色住宿格局，满足不同消费人群的旅游接待服务，同时提高客房住宿率；在武岭广场民国风情一条街上已布局开设多家特色餐饮店和购物场所；成功举办以"旅游养生、休闲运动、全民健身"为主题的商量岗高山滑雪节；由中共奉化市委宣传部、溪口风景区管委会、溪口旅游集团主办的"溪口墨韵"王利华中国画作品展在溪口王康乐艺术馆开幕；规范建设武岭路旅游购物场所
6	提高管理和服务水平	完善各项管理制度；整治非法营运车辆和置换残疾车；建立导游管理电脑后台系统；溪口旅游集团"企业文化建设年活动"拉开帷幕；溪口景区旅行社网上预订系统开始注册，进入预运行阶段；加大溪口门户网站和溪口旅游网建设
7	树立统一的市场形象	积极打造"中华民国第一镇"、"中国佛教第五大名山"和"长三角山水休闲度假天堂"等品牌；明确溪口发展目标：建设海内外著名旅游小城市、浙东四明山城乡协调发展示范区、长三角特色休闲会议度假区、宁波市最佳生态居住区；在世博会之际，按照"全景生态、全域生态、全民生态、全程生态"的理念发展溪口
8	推进社会统筹发展	建立畅通、有效的沟通和协调机制；进一步加快旅游业发展，基地内30%以上公共服务设施能够为当地居民所共享，为当地居民提供1.5万个以上直接或间接就业岗位；利用上海世博会契机与世博局确立溪口精品线路游推广活动，溪口以亚洲唯一入选城市未来馆代表身份积极对外营销、宣传，在世博会期间吸引更多的游客来溪口考察观光，积极推进社会统筹发展

序号	工作任务	具体任务完成情况
9	其他工作	召开创建宁波市山水人文旅游基地工作推进会；对照创建评分表，查漏补缺，全面整合，积极开展台账资料的制作，结合山水人文旅游基地创建工作，积极提升宁波溪口雪窦山风景名胜区服务接待能力和知名度；溪口景区"迎世博溪口新年祈福之旅活动"正式启动；国家旅游局完成对溪口—滕头景区进行5A创建暗访工作；溪口景区聘请8位外籍人员为"溪口景区世博推介大使"，进一步做好世博旅游推介活动；被建设部、旅游局评为"全国特色景观旅游名镇（村）"；"2010魅力奉化——希望之城"中外摄影师摄影采风活动在溪口成功举办；在武岭广场、集散中心布置世博海宝吉祥物，开展世博月活动；开发溪口特色旅游商品，并在景区对游客开展旅游商品市场问卷调查；溪口三石农庄成功举办"第三届溪口青团农俗文化节"；成功举办雪窦山"秀丽大峡谷、多姿瀑布群"穿越之旅活动
10	总体进度描述	已完成创建任务的：□10% □20% □30% □40% □50% □60% □70% □80% ■90% □100%

三 总结部署

会议充分肯定了大家的工作，对全市的休闲旅游基地创建工作进行了全面的回顾和总结，认为首批10家创建单位已经做到了创建时间过半、建设任务完成过半，台账资料的收集和整理工作也已展开，全市休闲旅游基地已进入查漏补缺和全面自检阶段，可以准备迎接验收评定。同时也指出了上阶段各地创建工作中所存在的问题，主要包括统筹力度相对不足、项目推进相对缓慢、宣传工作相对滞后等，进一步部署了下阶段工作任务。

宁波市旅游局分管领导站在"十二五"期间实现宁波市旅游业转型升级的高度，提出建设休闲旅游基地是"换空间"、"换市场"、"换方式"的重要手段，是旅游发展融入地方经济、社会全面发展的重要途径，再次强调了休闲旅游基地建设工作的重要意义。在具体工作方面，则将准备迎检工作、启动宣传工作和培育专项休闲基地工作列入工作日程。

宁波市旅游局分管领导在休闲旅游基地建设工作中期评估会上的讲话。

今天我们在这里召开休闲旅游基地的中期评估会，目的有三：一是对前期的创建工作进行总结回顾，大家交流工作经验，探讨解决问题的办法，既是相互学习，也是相互促进；二是对首批10家休闲旅游基地的创建工作情况进行一个评估，与确定的目标作一个比较，更好地开展下一步工作；三是具体部署下一步工作任务，包括评定的组织、宣传工作的展开，以及专项休闲基地的培育。刚才，溪口带头作了一个精彩的介绍，各基地创建单位也都进行了很好的交流，我对大家提出的观点和意见都表示认可，也从大家的理论思考和探索实践中得到了启迪。下面，我讲三个方面的内容。

一 总体情况

（一）基地创建工作进展顺利

休闲旅游基地创建工作启动以来，各地都投入了大量的人力、物力、财力以确保创建工作的顺利实施。就明确创建主体而言，既有以地方政府为主体，整合相关部门和企业的，如慈城、达蓬山；也有在政府层面成立协调委员会，以旅游局为操作主体的，如鄞州、四明山、松兰山、温泉、东外滩；还有在管委会基础上成立创建领导小组的，如溪口、东钱湖、九龙湖。尽管形式各异，但都为基地创建工作打下了良好的组织基础。绝大部分基地都在原有的规划基础上制定了创建行动计划，鄞州、北仑等地还结合本地实情对基地进行了重新的划分和定位，编制了基地发展专项规划。东钱湖还出台了《关于打造国际湖泊休闲示范基地，加快休闲旅游发展的若干意见》等一系列扶持政策。目前，首批10家单位已做到了创建时间过半，建设任务完成过半，台帐资料的收集和整理工作也已开展，全市休闲旅游基地可进入查漏补缺和全面自检阶段，准备迎接验收评定。

（二）休闲旅游项目有序推进

休闲旅游基地的建设离不开一批重大休闲旅游项目的落实和推进。目前，松兰山白沙湾度假村、东钱湖环南湖岸线景观改造工程、四明湖度假村扩建提升工程、慈城五大馆布展工程、东外滩和丰创意园区等项目进展顺利；温泉四期、松兰山东海铭城、鄞州环球城、九龙湖普罗旺斯欧洲风情小镇、东钱湖中国森林博览城、伏龙山旅游区等一批休闲旅游项目已进入前期规划设计、土地整理、基础设施配套建设阶段；有的基地也在新业态项目方面进行了大胆的尝试，如东钱湖推出"四行"旅游产品，完成自行车专用道的策划设计，建成上水自驾车露营地，达蓬山建成4000平方米的露营基地，并推出滑翔伞基地招商项目。随着这批项目的建设推进，我们已经明显看出重大项目在休闲旅游基地区块内的集聚，并将逐步起到较强的带动和辐射作用。

（三）产业转型升级成效初显

促进全市旅游产业的转型升级，是我们开展休闲旅游基地建设工作的一项重要目标。创建工作开展以来，慈城古县城旅游区和天官庄园获评为国家4A级旅游景区，虞氏旧宅创3A已经通过省局公示，溪口三十六湾村和海珠山庄已创建成为省三星级乡村旅游点。在酒店提升方面，宁波开元名都大酒店被评为国家五星级旅游饭店，松兰山引进喜来登、希尔顿等国际知名品牌。宁波名特优旅游购物中心已在鄞州都市区建成，位于松兰山滨海大道上的象山县旅游集散中心已完成选址工作，九龙湖休闲基地还对五大标识系统进行更新更换。这些基础设施和旅游服务设施的改进和完善，将进一步推动我市旅游目的地功能的全面提升。

二 发现的问题

（一）统筹力度相对不足

通过总结我们不难发现，休闲旅游基地创建工作中最重最难的就是统筹。旅游目的地的建设，离不开各类旅游产业要素的集聚和整合，以旅游景区为核心企业构建产业链，既对景区经营管理提出了更高的要求，也对地方旅游发展的体制、机制改革创新提出了更高的要求。尽管各地都在组织机构、规划计划、政策扶持等方面进行了有益的探索，但涉及具体工作时仍然不好协调，有的甚至困难重重。面对这样的情况，我们要充分依靠地方政府，要加大与相关部门的沟通协作，要努力争取基地各类旅游企业的支持和配合，形成合力，共克难关。

（二）项目推进相对缓慢

尽管各地都在休闲项目的建设上取得了一定的成效，但从整体情况来看，项目推进仍然较为缓慢，尤其是进入招商环节的大项目，前期工作手续繁复，招商谈判一波三折，即使签订了开发协议仍然会面临着投资商变更、资金短缺、土地拍卖竞争等诸多不确定因素。而我们称之为短平快的小项目，却往往因为公益性强、投资回报期长而得不到应有的重视。其实，诸如游步道、自行车道、自驾车营地之类的小项目，能够有效整合基地的各类资源，引导游客的休闲活动消费，当地政府、旅游部门和创建主体都应有所投入。

（三）宣传工作相对滞后

从这次中期评估的情况来看，各地普遍高度重视基地的硬件建设和功能完善工作，而对工作推进过程和基地本身的宣传重视不足，各地上报创建信息的热情不高。就月报工作开展情况而言，只有溪口和松兰山两个基地坚持每月上报。市基地办在信息发布和宣传方面的工作也相对滞后，虽然有整体情况专报和动态情况简讯，仍然缺乏有深度、成系统的宣传报导。宣传工作的滞后，不利于引起领导重视和发动社会参与，在一定程度上影响了我们的推进力度，在下一步工作中务必加强。

三 下一步工作要求

（一）做好迎检工作

根据工作计划，我们将于8月底9月初启动首批休闲旅游基地的验收和评定工作。市基地办要抓紧时间组建专家评委会，除了专家学者、相关部门领导，也要把各县（市）、区旅游局的分管领导吸收进来一起参与评定，形成相互学习、相互促进的良好工作氛围。各创建单位要加大力度，继续推进实施，既要巩固已有的成绩，也要攻坚克难，把能达到的标准尽量达到，并鼓励在标准之上不断开拓创新，以最充分的准备迎接验收评定。

（二）做好宣传工作

经市基地办与《阿拉旅游》杂志社沟通，计划借9月份旅游节专刊之名对全市休闲旅游基地建设工作进行一次全面深入的报导。计划分成三个部分：一是通过政府或部门领导的访谈提升理论高度；二是深度报导每个基地的休闲产品情况，相当于为市民和游客提供了一本旅游指南；三是展望未来，描绘整个基地建设规划。《阿拉旅游》杂志社的同志也参加了今天的会议，他们将于近期开展资料收集和图片拍摄工作，要求各单位主动衔接，积极配合，共同把宣传工作做好。

（三）做好培育工作

这次会上我们讨论了商务会议基地和专项休闲基地的标准，要求各县（市）、区旅游局在会后尽快反馈书面意见，便于进一步修改完善，早日发布实施。同时，要求各单位针对本地实际情况，提出商务会议基地或专项休闲基地的培育计划，对照标准开展相应的设施建设和管理服务配套工作。条件一旦成熟，各单位要尽快组织申报，经市基地办评定审核，争取在年内完成授牌。

第三节　充实标准体系

2009 年 8 月 13 日，宁波市旅游局组织召开《宁波休闲旅游基地规划纲要》会审会，宁波市人民政府办公厅、宁波市发改委、宁波市财政局、宁波市规划局等相关部门职能处室的负责人参加会议。会议听取了规划编制单位浙江大学宁波理工学院的汇报，并就规划纲要进行了认真讨论。会议认为，该规划纲要指导思路清晰，规划内容全面，总体目标明确，重点布局清晰，保障体系切实可行，一致同意通过，并提出仍需在基地建设的重要意义、基地选取的原则、基地分类的依据等方面作进一步修改完善。10 月，规划成果在充分吸收会审意见的基础上经修改完善后由市旅游局正式发布实施。

结合此次会审会上部分专家提出"完善基地分类"的建议，我们又针对《宁波市休闲旅游基地规划纲要》所罗列的 33 处基地选址，开展了进一步的类型细分，并将宁波市的休闲旅游基地体系确定为三大类型，即休闲旅游基地（含示范基地）、商务会议基地、专项休闲旅游基地。前两类基地主要依据《宁波市休闲旅游基地和商务会议基地建设五年行动计划》，后一类基地则重在培育一批特色强、规模精的休闲旅游新业态项目，是休闲旅游基地建设工作过程中的重要衍生产品。

一　商务会议基地

当前，宁波市的会议产业尚处于起步阶段，规模小、基础设施薄弱，但是作为长三角地区经济发达的港口城市，依托产业和港口资源优势，会议产业整体呈现出快速发展态势。据统计，2009 年，宁波市共举办一定规模的各类商务会议 105 个，同比增长 36%，平均参会人数 81 人，平均会议时间 1.5 天。据调查，16 家 4 星级以上酒店会议场地收入、客房收入、餐饮收入 39220.8 万元，占酒店总收入的 20.2%，平均 2212 万元。开元华城度假村、华侨豪生大酒店、远洲大酒店、象山黄金海岸大酒店等，会务直接收入占酒店总收入超过 30%，最高达到 60%。在所举办的各类会议中，各类社团组织的学术性会议和大型企业组织的年会收入最高，效益最好。

根据宁波市发展商务会议产业的相关扶持文件，结合各县（市）、区商务会议产业发展的客观情况，我们对全市发展商务会议基地的条件进行分析和评估，制定了《宁波市商务会议基地评定标准》。

二　专项休闲旅游基地

"十一五"期间，宁波市旅游业已明显呈现出以观光旅游为基础，以休闲度假为方向，文化体验、康体养生、商务会议、购物、美食、娱乐、节庆等专项产品互为支撑的复合型产品体系。五年来，宁波市各类旅游产品层出不穷、日新月异，山水旅游越来越休闲，都市旅游越来越丰富，海洋旅游成为面向长三角市场的知名品牌，乡村旅游如雨后春笋般蓬勃兴起，温泉旅游、宗教旅游、古镇旅游、红色旅游等，都得到了长足发展，登山、滑雪、探险、海钓、游艇、露营、影视等新型的休闲业态也应运而生。

为了更好地培育这些休闲旅游新业态，根据宁波市休闲旅游基地的相关文件，以各（县）市、区休闲项目发展的客观情况为基础，结合各级各类相关行业标准，我们又进一步制订出适用于全市范围内各种类型的专项休闲旅游基地评定标准，并主要涵盖了海洋游钓、徒步运动、自行车、自驾车四个类型。

第四节　完成验收评定

我们从 2009 年正式启动全市休闲旅游基地建设工作，相继制定了《宁波市休闲旅游基地建设工作方案》，编制了《宁波市休闲旅游基地规划纲要》，出台了《宁波市休闲旅游基地评定标准和评定办法》，建立了 33 家基地在内的预备名单库，确定了首批 10 家创建单位，并分别签订了建设工作任务书，发放了工作补助。2010 年，我们又进一步制定了《宁波市商务会议基地评定标准和评定办法》、《宁波市专项休闲旅游基地认定标准及申报管理办法》，下发了休闲旅游基地和商务会议基地的评分细则，召开了首批 10 家创建基地的中期评估会，与北仑区签订了基地建设工作任务书。在初步肯定各基地前期建设成效的基础上，我们自 2010 年 10 月起，正式启动了宁波市首批休闲旅游基地、商务会议基地以及专项休闲旅游基地的评定工作。

一 启动评定

2010 年 10 月 18 日，我们向各县（市）、区旅游局正式印发了《关于开展宁波市休闲旅游基地评定工作的通知》，公布了评定机构、评定程序及相关工作要求，并随文附上了《宁波市休闲旅游基地申请评定报告书》、《宁波市商务会议基地申请评定报告书》和《宁波市专项休闲旅游基地申报表》等重要申报文件。

关于评定机构，我们提出在"宁波市休闲旅游基地建设工作领导小组"的组织下，由国内知名学者、宁波市休闲旅游发展研究中心以及宁波市相关部门领导组成 3—5 人的专家组开展市休闲旅游基地、商务会议基地以及专项休闲旅游基地的验收评定工作。

根据评定程序，首先要求基地创建单位填写《宁波市休闲旅游基地申请评定报告书》（或《宁波市商务会议基地申请评定报告书》、《宁波市专项休闲旅游基地申报表》），经当地旅游局签署意见后上报市基地办；收到评定报告书（或申报表）的 5 个工作日内，市基地办将对照已签订的休闲旅游基地建设工作任务书和各类评定标准进行实地检查，并签署意见；11 月 10—30 日，专家组将根据各类评定标准，采取现场检查、资料审核等方式对申报基地进行验收评定，并向市休闲旅游基地建设工作领导小组提出评定意见；评定意见经市休闲旅游基地建设工作领导小组审核、公示后，上报市旅游经济发展领导小组批准，颁发标牌和证书。

我们还进一步要求基地创建单位完整准确地填写评定报告书或申报表，按照评定标准备齐相关台账（使用 A4 规格装订成册），并提供书面的基地创建工作总结材料，以备检查和验收评定。

二 开展验收

开展评定工作的通知下发后，全市共有 17 家单位提出正式申请。其中休闲旅游示范基地 2 家（奉化溪口、东钱湖）；休闲旅游基地 7 家

（宁海温泉、象山松兰山、慈溪达蓬山、镇海九龙湖、余姚四明山、江北慈城、鄞州新城）；商务会议基地 2 家（江东、鄞州）；专项休闲旅游基地 6 家（象山海钓休闲旅游基地、象山自驾游休闲基地、宁海徒步运动休闲基地、宁海邬家庄园自驾车休闲旅游基地、达蓬山旅游度假区自驾车休闲旅游基地、东钱湖自行车休闲基地）。2009 年签订任务书的 10 家单位中，仅有江东区"东外滩休闲旅游基地"因未达到必备条件（无 4A 景区）没有提出正式申请；2010 年签订的北仑区"太河路旅游产业带休闲基地"，因创建工作正在开展之中，也没有提出正式的申请。

从 10 月 25 日开始，市基地办对上述 17 家申请单位进行了初步验收，提出了整改措施，落实了迎检计划。11 月 17 日至 12 月 3 日，我们又成立了以浙江大学亚太休闲教育研究中心、宁波市休闲旅游发展研究中心为主体的专家组，对 2010 年度宁波市休闲旅游基地进行了正式的验收评定。

专家组严格执行《宁波市休闲旅游基地评定标准和评定办法（试行)》、《宁波市商务会议基地评定标准和评定办法（试行)》、《宁波市专项休闲旅游基地认定标准及申报管理办法（试行)》有关规定，按照听取汇报、现场检查、台账查阅、意见反馈等工作程序，逐一对全市 17 家申报单位进行了验收评定。

三　产生结果

经专家组验收评定，认为已有 16 家申报单位达到相应的评定（或认定）标准，仅有"宁海邬家庄园自驾车休闲旅游基地"尚在建设之中未予评定。

表 8—8　　　2010 年度宁波市休闲旅游基地专家评定情况一览

序号	基地名称	创建基地类型	申报单位	评定意见
1	奉化溪口休闲旅游基地	宁波市休闲旅游示范基地	宁波溪口雪窦山风景名胜区管理委员会	达标
2	宁波东钱湖休闲旅游基地	宁波市休闲旅游示范基地	宁波东钱湖旅游度假区经济发展局	达标
3	象山松兰山休闲旅游基地	宁波市休闲旅游基地	象山县风景旅游管理局	达标

序号	基地名称	创建基地类型	申报单位	评定意见
4	慈溪达蓬山休闲旅游基地	宁波市休闲旅游基地	慈溪市龙山镇人民政府	达标
5	鄞州新城休闲旅游基地	宁波市休闲旅游基地	宁波市鄞州区风景旅游管理局	达标
6	镇海九龙湖休闲旅游基地	宁波市休闲旅游基地	宁波镇海九龙湖旅游度假区管理委员会	达标
7	宁海温泉休闲旅游基地	宁波市休闲旅游基地	宁海县温泉风景区管理处	达标
8	余姚四明山休闲旅游基地	宁波市休闲旅游基地	余姚市旅游局	达标
9	慈城古县城休闲旅游基地	宁波市休闲旅游基地	宁波市江北区慈城镇人民政府	达标
10	三江汇商务会议基地	宁波市商务会议基地	宁波市江东区旅游局	达标
11	南部新城商务会议基地	宁波市商务会议基地	宁波市鄞州区风景旅游管理局	达标
12	象山渔山岛海钓基地	宁波市海洋游钓休闲旅游基地	象山县风景旅游管理局	达标
13	象山松兰山自驾游基地	宁波市自驾车休闲旅游基地	象山县风景旅游管理局	达标
14	宁海许家山徒步运动基地	宁波市徒步运动休闲旅游基地	宁海县风景旅游管理局	达标
15	东钱湖自行车运动基地	宁波市自行车运动休闲旅游基地	东钱湖旅游度假区经济发展局	达标
16	慈溪达蓬山自驾游基地	宁波市自驾车休闲旅游基地	宁波雅戈尔达蓬山旅游投资开发有限公司	达标

　　专家组对每个检查的基地进行了点评，尤其对宁波市通过休闲旅游基地建设对传统景区所带来的新变化给予了高度的评价。

表8—9　　　　　　评定专家组对各大基地的点评（节选）

　　溪口山水人文休闲旅游基地紧紧依托国家级风景名胜区的人文底蕴和山水风光优势，借创国家5A旅游景区的良机，以创建宁波市休闲旅游示范基地为抓手，在实施旅游精品工程，完善旅游配套设施，创新旅游产品开发模式，转变经营理念，扩大管理服务范围等方面进行了有益的尝试。在统筹基地管理、丰富产品业态、集聚产业要素、完善休闲功能、营造休闲氛围等方面做出了很大的努力，由"观光"一枝独秀向"休闲度假"综合发展、转型升级取得了明显成效

　　宁海森林温泉度假基地依托南溪流域"温泉、森林、古镇"等特色资源的组合优势，积极开发四期大型露天温泉和深圳镇旅游综合服务中心等休闲旅游项目，努力发挥温泉4A景区对周边区域的经济带动作用和产业集聚作用，初步形成了大温泉休闲旅游区的发展格局

松兰山滨海度假基地依托独特的滨海风光、良好的生态环境和怡人的海滨气候，着实推进东海铭城、白沙湾度假村、心海度假村等一批休闲旅游项目建设，创新性地开辟了汽车露营和自驾游绿道等旅游新业态，并通过实施旅游富民战略带动、形成了一批旅游专业村。总体而言，基地在功能完善、业态丰富、产业集聚和社会统筹等方面取得了明显的成绩，呈现出较为完备的滨海休闲产品体系，并初步形成了"长三角滨海旅游休闲目的地"的发展格局

余姚四明山度假基地依托独特的高山台地气候、生态山水、山村风情、革命遗迹、唐诗之路及道教文化等优势资源，创新开发建设的体制机制，高规格编制区域规划，加快推进梁弄红色旅游、四明湖度假村、狮子湖度假村等一批休闲旅游项目建设，不断完善旅游交通、游客中心、污水处理和购物餐饮特色街区等功能设施，在实施旅游富民战略方面取得明显成效

达蓬山文化休闲旅游基地依托龙山镇"山、海、湖、史"等特色资源，积极实施"政府引导、企业主体、社会参与"的发展战略，充分发挥达蓬山旅游度假区的经济带动和产业集聚作用，整合伏龙山、海珠山庄、虞氏旧宅等休闲旅游资源，引入大企业，开发大项目，引导旅游产业发展

九龙湖休闲度假基地依托优美的湖泊风光和良好的生态环境，进一步明确旅游度假区的发展方向和发展定位，积极推进开元度假村、九龙山庄、香山缘婚庆主题广场、艳阳度假连锁酒店等休闲度假设施建设，加快推进御水龙都、普鲁旺斯等重点项目前期工作，基本形成以多种层次度假设施、乡村休闲、宗教文化为主体的度假业态集群，初步实现了由景区向旅游度假区的转型升级

鄞州新城区通过高而新的发展理念和强有力的政策杠杆与资金投入，构建新区框架、建设重大项目、发展高端业态、优化商务环境、打造精品品牌，在吸引高端酒店、购物中心、企业总部和休闲业态集群发展方面取得了明显的成效，基本形成了集文化体验、都市游憩、运动休闲等于一体的城市特色功能区块

东钱湖休闲度假基地依托独特的人文底蕴和山水风光优势，以创建国家级旅游度假区为目标，打造高端湖泊休闲品牌，顺应市场需求，积极与国际接轨，高起点发展，高水平规划，高标准建设，围绕环湖岸线集中布局以精品景区、文化体验、健身运动、乡村旅游为主体的休闲旅游产品体系和相应的功能配套设施，并创新性地提出以"骑行、舟行、步行、车行"为代表的新型休闲业态，在推进全市休闲旅游发展方面起到一定的引领作用

慈城古县城文化旅游基地依托"江南第一古县城"的深厚文化底蕴，充分发挥"政府主导、市场主体、共同推进"的协作机制优势，积极探索古城保护与开发的创新模式，高水准、大投入地完成了主要古建筑群的修复工作，打造出一批文化精品景区，完善了部分休闲旅游功能设施，成功举办了两届"中华慈孝节"，逐步彰显出慈孝之乡、进士摇篮、儒学胜地的特色品牌形象，初步构建出以古县城为主体的文化旅游目的地发展格局

江东区充分利用会议、会展产业基础，积极发展现代服务业态，优化商务环境，通过对香格里拉、波特曼、中信国际等一批高档次酒店及周边商务设施的整合，产业要素集聚，国际化水平较高，基本形成了能够满足各类商务会议需求的城市特色功能区块

专家评定结果产生后，我们组织宁波市旅游局党委召开专项会议对专家组的评定意见进行了审核。会议一致认可专家组的评定意见，并对评定结果进行了社会公示。为了实现休闲旅游基地建设的最大成效，充分引起社会各界的关注和支持，我们还将评定结果上报市领导审阅，并

于 12 月 17 日以"宁波市旅游经济发展领导小组办公室"的名义正式命名。2011 年 4 月，在全市旅游工作会议上，宁波市人民政府徐明夫副市长向基地成功创建单位授牌。

第九章　展望未来

　　宁波市首批休闲旅游基地产生后，我们并没有停步，为了巩固这一阶段性成果，我们从加强市场营销、提升标准体系等方面着手，进一步完善工作手段和工作方法，重新投入到新一轮的基地建设工作之中，共同期待更加精彩的明天。本章从休闲旅游基地评定之后的工作入手，论述我们对基地宣传、标准提升的工作以及对新一轮休闲旅游基地建设的思考。

第一节　加强宣传　撬动市场

　　正如我们在前文所述，评定只是休闲旅游基地建设工作中的重要一环，基地能否得到广大市民和游客的认可，能否实现经济效益、社会效益和生态效益的最大化，并且可以持续发展，才是我们最为关心的结果。对于旅游产品而言，要想在日益激烈的市场竞争中获得自己的地位，树立自己的品牌，积极开展宣传营销无疑是至关重要的手段。在休闲旅游基地的建设过程中，我们不仅要加强对工作本身的宣传，更要注重对这些单个基地的旅游营销，推进改善传统观光旅游产品形象，不断通过寻找亮点提升休闲度假目的地形象。

一　制作基地特刊

　　《阿拉旅游》杂志是由宁波市旅游局主管、宁波市旅游协会等主办的时尚旅游类杂志，创刊于 2007 年 4 月。杂志以宁波旅游为主题，涵盖都市生活、地方文化、时尚休闲，多视角综合介绍旅游相关产业，整合传播地区品牌形象。杂志以宁波旅游休闲行业为重点发行区域，且面向全国发行。

　　2010 年 9 月，市基地办联合《阿拉旅游》杂志策划、制作了一期

"休闲旅游基地特刊"，从三个角度对全市的休闲旅游基地建设进行了系统宣传：一是专业解读，包括宁波市旅游局局长励永惠的"宁波着力打造'一核四组团'休闲旅游基地"，时任东钱湖旅游度假区管委会主任朱至珍的"休闲是一种生活品质"，溪口雪窦山风景名胜区管委会副主任黄林军的"溪口实现从'观光'向'休闲'的转型"，余姚市旅游局副局长梅百烽的"让游客向往四明山，走进四明山"，宁波雅戈尔达蓬山旅游投资开发有限公司总经理毕德祥的"品牌与影响力是第一位"，宁海乡土户外俱乐部创办人、资深驴友陈坚的"打造开放型休闲旅游基地"。二是名为"让城市更休闲"的总体介绍。三是"宁波休闲旅游全攻略"，图文并茂地逐一推介首批创建的 10 家休闲旅游基地。

当时，正值宁波旅游节举办前期，休闲旅游基地特刊的推出，正好为旅游节形成强烈的造势效果，高密度、集中式的信息"轰炸"，让广大游客和市民耳目一新，对宁波传统景区有了全新的认识。

二 举办基地探访

2011 年 5 月 19 日至 8 月 15 日，宁波市旅游局联合《东南商报》、市旅游协会景区分会，精心举办了一场名为"宁波休闲旅游基地系列探访"的活动。活动由《东南商报》全程策划实施，不仅突出了每个基地的主题休闲活动，还热忱邀请广大市民积极参与，收到了良好的推介效果。

5 月 17 日，《东南商报》头版刊登了题为《70 天探遍宁波休闲基地》的文章，向社会各界征集志愿者，与该报记者一道探访已正式获得命名的首批 16 家基地。5 月 19 日，基地探访活动在东钱湖旅游度假区拉开序幕，500 多名志愿者参加了题为"单车旅游、快乐骑点"的自行车骑游活动。随后，每隔一周，探访活动依次走进了象山松兰山、奉化溪口、鄞州新城、慈溪达蓬山、余姚四明山、江东三江汇商务会议基地、江北慈城、宁海温泉和镇海九龙湖，现场实地体验了近年来宁波市休闲旅游基地的建设成果。

第二节 修改提升标准

一 上升成为地方标准

《宁波市休闲旅游基地评定标准（试行）》于 2009 年制定以后，在全市旅游行业内得到了广泛的推广和使用。为进一步推动全社会休闲旅游业的发展，同时对其他地区的同类工作产生好的借鉴作用，将《宁波市休闲旅游基地评定标准（试行）》进一步规范化，并上升为宁波市地方标准是非常有必要的。为达到此目的，2011年8月，我们正式启动了《宁波市休闲旅游基地评定规则》上升成为地方标准的工作。

根据宁波市标准化工作的规范程序，首先由市旅游协会负责项目的立项、调研与项目管理，成立标准起草小组，负责组织标准意见稿的意见征求和标准专家审查会的召开工作。浙江大学宁波理工学院负责参与标准化调研，开展标准文稿（包括意见稿、专家审查稿及报批稿）及其编制说明的编写起草工作。市标准化研究院参与标准起草及负责标准文本及相关文件的标准化处理，协调项目进度。

在各责任单位的共同努力下，10月28日，在市旅游局组织和市质监局主持下，由浙江大学亚太休闲旅游发展研究中心、上海海事大学、浙江省旅游局、浙江旅游职业学院及宁波市标准化研究院等单位组成的专家组对《宁波市休闲旅游基地评定规则》进行了评审。

评审专家组认为制定《宁波市休闲旅游基地评定规则》对发展休闲旅游业有着成效明显的推动作用，一致同意通过。专家们还指出，此规则准确地抓住了休闲旅游的本质，对各要素进行了详细的量化要求，对宁波各休闲旅游基地的创建具有重要的指导意义；在全国范围内率先提出了休闲旅游基地的概念，这一概念符合当前休闲旅游发展趋势，对其他地区旅游产业的发展具有重要的借鉴意义；内容全面、特色鲜明、条款设置科学合理，符合宁波市旅游业发展的实际情况，对宁波市旅游业的发展将起到积极的促进作用；提出了配套使用的《宁波市休闲旅游基地评定细则》，此细则可操作性强。

评审会后，我们又做了进一步的修改完善工作，形成《宁波市休闲旅游基地评定规则》报批稿，并已送达市标准化委员会审批，有望于2011年底正式出台。

二 修订专项基地标准

根据全市休闲旅游新业态发展情况，为进一步做好专项休闲旅游基地的建设工作，市基地办对新增的露营地、滑翔伞、特色街区、古村落四类专项休闲旅游基地认定标准进行了补充，并形成《宁波市专项休闲旅游基地认定标准及申报管理办法（2011 年修订版）》。市基地办于 2008 年 8 月 24 日印发的《宁波市专项休闲旅游基地认定标准及申报管理办法（试行）》同时废止。

第三节 开启新一轮建设计划

为进一步推进全市休闲旅游基地建设，我们又于 2011 年 4 月启动了新一轮休闲旅游基地创建工作，并会同各县（市）、区旅游局对 2011 年度拟创建的基地进行摸底。根据调研情况，我们提出了今年创建工作的具体要求。

创建基地包括宁波市休闲旅游基地、商务会议基地和专项休闲旅游基地三大类型。其中，2010 年度获评为"宁波市休闲旅游基地"的，可继续创建"宁波市休闲旅游示范基地"；专项休闲旅游基地除了认定标准中已经明确的海钓、徒步、自行车、自驾车四类以外，也可对露营地、滑翔伞、古村落、特色街区等业态集聚区开展前期培育。

我们将继续深入宣传贯彻各类休闲旅游基地的评定办法、评定标准和实施细则，指导创建单位制订工作计划，对照标准开展检查，加快推进各类休闲旅游项目和服务设施的配套建设，并在摸底调研的基础上进行认真筛选和梳理，积极推荐现状条件较好、创建积极性较高的基地，汇总形成《2011 年度休闲旅游基地创建工作计划表》。根据各地创建计划，我们还将进一步开展实地考察和工作指导，并计划于年底前组织一次验收评定。

11 月，我们根据工作安排全面启动了 2011 年宁波市休闲旅游基地验收评定工作。结合各县（市）、区旅游局组织上报的申报单位情况，我们形成了汇总表。

表 9—1　　　　　2011 年度休闲旅游基地创建申报汇总

序号	地区	基地名称	基地类型	创建单位
1	余姚	四明山高山露营基地	专项休闲旅游基地	宁波四明山森林公园开发有限公司
2		四明山自驾游基地	专项休闲旅游基地	余姚市四明山旅游投资发展有限公司
3		柿林古村休闲基地	专项休闲旅游基地	余姚市大岚镇柿林村村委会
4		四明山休闲旅游基地（升级）	休闲旅游示范基地	余姚市四明山旅游开发建设办公室

序号	地区	基地名称	基地类型	创建单位
5	慈溪	伏龙山滑翔伞休闲基地	专项休闲旅游基地	慈溪市风景旅游局
6		达蓬自行车运动休闲基地	专项休闲旅游基地	宁波雅戈尔达蓬山旅游投资开发有限公司
7	奉化	大堰徒步运动休闲基地	专项休闲旅游基地	大堰镇人民政府
8		大堰自行车运动休闲基地	专项休闲旅游基地	大堰镇人民政府
9	宁海	宁海自驾车休闲基地	专项休闲旅游基地	宁海县旌表义门农家乐旅游有限公司
10	象山	石浦渔港特色街区	专项休闲旅游基地	象山石浦渔港古城旅游发展有限公司
11		中国渔村滨海汽车露营基地	专项休闲旅游基地	石浦中国渔村有限公司
12		石浦渔文化休闲旅游基地	休闲旅游示范基地	象山县石浦镇人民政府
13	海曙	月湖盛园特色街区	专项休闲旅游基地	宁波海盛投资有限公司
14	江东	东外滩特色街区	专项休闲旅游基地	宁波市江东区旅游局
15	江北	老外滩休闲基地	专项休闲旅游基地	宁波市江北区中马街道办事处
16	鄞州	亭溪岭古道徒步休闲基地	专项休闲旅游基地	宁波市鄞州区横溪镇人民政府
17	镇海	泛招宝山休闲旅游基地	休闲旅游基地	宁波市镇海区招宝山街道办事处
18		郑氏十七房古村休闲基地	专项休闲旅游基地	宁波市镇海区澥浦镇十七房村村委会
19	东钱湖	奇奇田园露营基地	专项休闲旅游基地	宁波奇奇田园旅游文化有限公司
20	北仑	太河路休闲旅游基地（已评定）	休闲旅游基地	北仑区旅游局

附件一

宁波市休闲旅游基地评定标准

1. 范围

本规则规定了宁波市休闲旅游基地的评定依据、必备条件和一般条件。

本规则适用于宁波市范围内各种类型的休闲旅游基地的评定。

2. 规范性引用文件

下列文件对于本文件的应用是必不可少的。凡是注日期的引用文件，仅所注日期的版本适用于本文件。凡是不注日期的引用文件，其最新版本（包括所有的修改单）适用于本文件。

GB 3095—1996 环境空气质量标准

GB 3096—1993 城市区域噪声标准

GB 3838—2002 地表水环境质量标准

GB 5749—2006 生活饮用水卫生标准

GB 5768—2009 道路交通标志和标线

GB 8978—1996 污水综合排放标准

GB 12941—1991 景观娱乐用水水质标准

GB 15618—2008 土壤环境质量标准

GB 16153—1996 饭馆（餐厅）卫生标准

GB/T 10001.1—2006 标志用公共信息图形符号 第 1 部分：通用符号

GB/T 10001.2—2006 标志用公共信息图形符号 第 2 部分：旅游设施与服务符号

GB/T 14308—2010 旅游饭店星级的划分与评定

GB/T 15971—1995 导游服务质量

GB/T 16767—1997 游乐园（场）安全和服务质量

GB/T 17775—2003 旅游景区质量等级的划分与评定

GB/T 18920—2002 城市污水再生利用城市杂用水水质

GB/T 18921—2002 城市污水再生利用景观环境用水水质

GB/T 18973—2003 旅游厕所质量等级的划分与评定

GB/T 26354—2010 旅游信息咨询中心设置与服务规范

GB/T 26356—2010 旅游购物场所服务质量要求

3. 术语和定义

下列术语和定义适用于本文件。

3.1　休闲旅游基地（Leisure Tourism Base）

以旅游景区、度假区和其他具备旅游接待功能的区块为依托，主题特色鲜明、产品类型多样、产业要素集聚、休闲功能突出、服务设施完善、管理机构健全，具有一定规模、综合经济效益及市场影响力的休闲旅游目的地。

3.2　休闲旅游（Leisure Tourism）

以旅游资源为依托，以休闲为主要目的，以旅游设施为条件，以特定的文化景观和服务项目为内容，离开定居地而到异地逗留一定时期的游览、娱乐、观光和休息。

3.3　休闲旅游资源（Resource of Leisure Tourism）

自然界和人类社会中凡能对旅游者产生吸引力，能够为游客提供休闲旅游产品，并可产生经济效益、社会效益、环境效益和文化效益的关键吸引物。

3.4　休闲活动（Leisure Activity）

人们在非劳动及非工作时间内以各种"玩"的方式求得身心调节与放松而进行的活动，包括但不限于运动休闲、文化休闲、疗养康体、主题游戏等类型。

3.5　非星级住宿接待设施（Non-rating Accommodation）

未经 GB/T 14308—2010 星级评定但具有一定接待能力和特色的宾馆、酒店等住宿接待设施，包括但不限于经济酒店、家庭旅馆、度假村、托管公寓、单栋度假单元、汽车旅馆、自助宾馆、青年旅馆、帐篷营地、拖车营地等类型。

4. 评定依据

评定休闲旅游基地以本规则的第5章、第6章为依据，包括必备条件和一般条件两类。必备条件主要考评休闲旅游基地的门槛条件；一般条件主要考评休闲旅游基地的资源与环境、公共设施、产业要素、管理与服务、市场成熟度及社会统筹发展六个方面。必备条件与一般条件一同构成《宁波市休闲旅游基地评分表》的编制依据。

5. 休闲旅游基地评定的必备条件

5.1 具有明确的空间边界。

5.2 具有统一的管理或协调机构。

5.3 制定基地发展规划并得到有效实施。

5.4 具有已通过 GB/T 17775—2003 评定的 AAAA 级及以上旅游景区。

5.5 年接待游客达到 50 万人次，其中过夜游客人天数达到 10 万。

5.6 环境质量达到相应国家标准，各种设施的卫生与安全符合相应的国家标准。

5.7 近两年来无重大旅游安全事故。

6. 休闲旅游基地评定的一般条件

6.1 资源与环境

6.1.1 具有一定体量、优质的、可供休闲旅游利用的自然、人文资源。

6.1.2 具有特色化、多样化的休闲旅游产品，能够满足不同游客的休闲旅游需求。

6.1.3 自然风光优美，生态环境良好，空气质量高，符合 GB 3095—1996 要求，地表水及土壤环境好，符合 GB 3838—2002 和 GB 15618—2008 要求，噪音符合 GB 3096—1993 要求。

6.1.4 人文环境与自然环境融合，绿化覆盖率高，建筑配置合理，景观设计和谐，设施、设备采用清洁能源，建筑采用环保型材料。

6.2 公共设施

6.2.1 交通。

6.2.1.1 基地外部通达性好，出入口有专设的游客集散场地。

6.2.1.2 基地内部道路网络完善，交通标志标线齐备，符合 GB 5768—2009 要求，公共交通便捷，交通组织秩序井然。

6.2.1.3 基地内设置专用步行道路系统，并为游客自助出行提供多种特色交通工具。

6.2.2 停车场。

6.2.2.1 停车场选址合理，规模适中，容量满足旺季接待需求。

6.2.2.2 停车场采用生态停车场设计。

6.2.2.3 停车场管理规范科学，能够提供供水、供电及排污等自驾车营地配套服务。

6.2.3 公用厕所。

6.2.3.1 公用厕所的厕位总量与接待能力相匹配。

6.2.3.2 公用厕所布局合理，并与周边环境相协调。

6.2.3.3 旅游厕所设施设备达到 GB/T 18973—2003 规定的三星级及以上标准。

6.2.4 游客中心。

6.2.4.1 基地至少设置 1 处综合性游客服务中心，可与集散中心、住宿、餐饮及购物等设施结合设置，符合 GB/T 26354—2010 要求。

6.2.4.2 规模较大的基地单独设置若干服务点，且布局合理。

6.2.4.3 游客服务中心提供与休闲旅游相关的咨询辅导、预约预定、展示、医疗等综合性服务，服务点至少提供咨询服务。

6.2.5 标识标牌。

6.2.5.1 标识标牌系统、全面、设置合理。

6.2.5.2 标识标牌包含中、英、日、韩四种语言，使用的公共信息图形符号的设置符合 GB/T 10001.1—2006 和 GB/T 10001.2—2006 的要求。

6.2.5.3 标识标牌在造型及材质上富有地方休闲特色，与周围环境相协调，维护更新及时、到位。

6.2.6 其他公共设施。

6.2.6.1 提供充足供水，且水质良好，生活饮用水卫生达到 GB 5749—2006 要求，景观娱乐用水水质达到 GB 12941—1991 要求，能够满足休闲旅游需求。

6.2.6.2 提供充足供电，重要设施采用双回路供电，保证供电不间断。

6.2.6.3 具有与接待规模相适应的垃圾与污水处理能力，符合 GB 8978—1996、GB/T 18920—2002 和 GB/T 18921—2002 要求。

6.2.6.4 通讯设施与接待规模相匹配，国际、国内直拨电话和互联网服务方便畅通。

6.2.6.5 邮政、银行、商务中心等设施满足基本需求。

6.3 产业要素

6.3.1 休闲活动。

6.3.1.1 休闲活动总量丰富、类型多样、品质较高，有效与当地体育、文化等资源禀赋结合，有充足的娱乐活动，能够满足四季、昼夜及不同层次的休闲旅游需要。

6.3.1.2 具备一定数量的户外和室内休闲活动设施，布局合理，利用率高，性能良好，服务完善。

6.3.1.3 具备定期或非定期组织的无固定设施的休闲活动。

6.3.1.4 具备一定的公共休闲空间，休闲氛围浓厚。

6.3.2 住宿。

6.3.2.1 住宿设施总床位数能满足市场需要。

6.3.2.2 住宿设施具有较高档次，达到 GB/T 14308—2010 三星级及以上标准的住宿接待设施不少于总量的 30%。

6.3.2.3 各种类型的住宿接待设施分配合理，具有一定数量的富有当地特色的非星级住宿接待设施，满足不同休闲旅游市场的需求。

6.3.3 餐饮。

6.3.3.1 餐饮设施总餐位数能满足市场需要。

6.3.3.2 具备高中低各种档次，能够提供全天候餐饮服务。

6.3.3.3 食品卫生符合 GB 16153—1996 要求，器具使用健康环保。

6.3.4 购物。

6.3.4.1 购物设施符合 GB/T 26356—2010 要求，种类、数量及分布与接待能力相匹配，能够满足游客的休闲旅游购物和日常购物需求。

6.3.4.2 旅游商品种类丰富、档次多样，且富于地方特色。

6.3.4.3 购物场所管理规范，秩序良好，无围追兜售现象。

6.4 管理与服务

6.4.1 综合管理。

6.4.1.1 管理机构健全，设有专职的管理人员，配置合理，责任明确。

6.4.1.2 旅游质量、旅游安全、旅游统计等各项经营管理制度健全有效。

6.4.1.3 对资源开发和环境保护设有相应的监测机制，能够有效预防破坏行为。

6.4.1.4 投诉制度健全，人员落实，设备专用，投诉处理及时、妥善。

6.4.1.5 具有科学的游客管理体系，能够实现有效的疏导与调控。

6.4.2 安全管理。

6.4.2.1 各项安全保卫制度完整有效，各经营场所治安状况良好，认真执行相关部门颁布的安全法规。

6.4.2.2 各类设施运行正常，无安全隐患，消防通道和安全疏散通道设置合理，消防、防盗、救护设备齐全，完好有效。

6.4.2.3 危险地段标志明显，防护设施齐备有效，特殊地段设专人看守。如设有游乐园，其安全和服务符合 GB/T 16767—1997 的要求。

6.4.2.4 具有突发事件处理预案和灾害预警机制，应急处理能力强，能够提供全天候安全救助。

6.4.3 游客服务。

6.4.3.1 提供统一的导游（讲解）服务，服务符合 GB/T 15971—1995 要求。

6.4.3.2 提供种类齐全的信息咨询服务。

6.4.3.3 各类经营场所服务规范，服务人员训练有素，服务质量较高。

6.4.3.4 为特殊人群（老年人、儿童、残障人等）配备相应的设施、用品及服务。

6.5 市场成熟度

6.5.1 具有竞争力强且特色鲜明的市场品牌及形象。

6.5.2 过夜游客平均停留天数不低于 2 天。

6.5.3 旅游综合收入不低于 2500 万元。

6.5.4 市场认可度较高，游客满意度不低于 85%。

6.6 社会统筹发展

6.6.1 基地所在县（市）、区政府组织成立领导小组，统筹基地的资源保护、规划建设和开发经营。

6.6.2 基地管理机构与当地政府和居民之间建立畅通、有效的沟通和协调机制，形成良好的发展环境。

6.6.3 基地内以旅游服务业、商业为主，辅之以农业、部分手工业作坊和食品加工业等，主要企业管理水平较高，经营效益良好。

6.6.4 基地内的公共服务设施做到共建共享，能够为当地提供适当的公共服务。

6.6.5 基地内的企业为当地居民提供相当数量的就业机会。

附录 A 宁波市休闲旅游基地评分细则

本附录中所列《宁波市休闲旅游基地评分细则》共计 1000 分，共分为 6 个大项，各大项分值为：资源与环境 120 分；公共设施 260 分；产业要素 220 分；管理与服务 180 分；市场成熟度 120 分；社会统筹发展 100 分。在满足评定必备条件的情况下，本细则评分合计达到 800 分（含）以上，可被评定为"宁波市休闲旅游基地"。

序号	审核内容和评分说明	大项分值	分项分值	次分项分值	评定得分
1	资源与环境	120			
1.1	具有一定体量、优质的、可供休闲旅游利用的自然、人文资源，得 10 分；某一资源在全市范围内具有较强的独特性或垄断性，得 10 分		20		
1.2	有 5A 景区、国家级旅游度假区、2 家以上 4A 景区，得 30 分；除一家 4A 景区外，基地另有全国工农业旅游示范点、3A 级景区、省级旅游度假区、省三星级乡村旅游点和省级旅游强镇，得 20 分；除一家 4A 景区外，基地另有省级工农业旅游示范点、省二星级乡村旅游点、省旅游特色村，得 10 分（同一单位获多种荣誉的只就高计算一次）		30		
1.3	在建休闲旅游项目上年度实际投资额达到 2 亿元，得 30 分；达到 1 亿元，得 20 分；达到 5000 万元，得 10 分		30		
1.4	生态环境良好，符合 GB 3095—1996 环境空气质量标准，GB 3096—1993 城市区域环境噪声标准，GB 3838—2002 地表水环境质量标准		20		
1.5	人造环境与自然环境融合，绿化覆盖率高，建筑配置合理，景观设计和谐。设施、设备采用清洁能源，建筑采用环保型材料		20		
2	公共设施	260			

序号	审核内容和评分说明	大项分值	分项分值	次分项分值	评定得分
2.1	交通		40		
2.1.1	外部交通通达性好，出入口有专设的游客集散场地			10	
2.1.2	道路网络完善，公共交通便捷，交通组织秩序井然			10	
2.1.3	设置专用步行道路系统			10	
2.1.4	提供特色交通工具，如电瓶车、游船、骑马、人工抬轿、人力车、自行车、索道、有轨小火车等。每有1种得2分，最高10分			10	
2.2	停车场		40		
2.2.1	选址合理，规模适中，容量满足旺季接待需求			10	
2.2.2	生态停车场（指有绿化停车面或绿化隔离线，或者使用生态型或环保型建筑材料修建）面积达到70%，得20分；生态停车场、硬化或黑化地面（指水泥地面、沥青地面或平整石板地面）面积合计达到70%，得10分			20	
2.2.3	管理规范科学，30%以上的停车位能够提供供水、供电及排污等自驾车营地配套服务			10	
2.3	公共厕所		40		
2.3.1	公共厕位总量能够满足旺季游客需求			10	
2.3.2	布局合理，步行30分钟范围内须有设置，位置相对隐蔽但易于寻找，方便到达，并适于通风、排污			10	
2.3.3	三星级及以上厕所比例为100%，得20分；70%以上，得15分；50%以上，得10分			20	
2.4	游客中心		40		
2.4.1	至少设置1处综合性游客服务中心，符合GB/T 26354—2010要求			20	
2.4.2	服务点布局合理，数量与接待能力相匹配			10	
2.4.3	游客服务中心提供与休闲旅游相关的咨询辅导、预约预订、展示、医疗等综合性服务职能，服务点至少提供咨询服务			10	
2.5	标识标牌		40		
2.5.1	导游全景图（指位于基地主入口处，正确标识主要景点及旅游服务设施位置的图示）、导览图（指处于基地内交叉路口，标明现在位置及周边设施的图示）、标识牌（指基地内引导方向或方位的指引标志）、景物介绍牌（指介绍主要休闲景点、景观或相关展示内容的介绍说明牌）4大类标识标牌系统、全面。每少1大类，扣5分，每缺1处，扣1分，扣完为止			20	
2.5.2	标识标牌包含中、英、日、韩四种语言，公共信息图形符号符合GB/T 10001.1—2006和GB/T 10001.2—2006的要求。每少一种语言，扣2分，每发现1处错误，扣1分			10	

序号	审核内容和评分说明	大项分值	分项分值	次分项分值	评定得分
2.5.3	维护更新及时、到位，无脱落、腐蚀、误导等现象。每发现1处问题，扣1分			10	
2.6	其他公共设施		60		
2.6.1	供水充足，所有生活饮用水的水质符合 GB 5749—2006 的要求，得5分；所有景观娱乐用水的水质符合 GB 12941—1991 的要求，得5分			10	
2.6.2	设有集中的垃圾中转站且每日清运，得10分；建有污水处理系统，污水排放符合 GB 8978—1996 的要求，得10分；建有中水处理设施，处理后水质符合 GB/T 18920—2002 和 GB/T 18921—2002 的要求，得10分			30	
2.6.3	供电充足，重要设施采用双回路供电，得5分；公用电话数量充足，设置合理，得5分；手机信号覆盖全面，得5分；邮政、银行、商务中心等设施能满足基本需求，得5分			20	
3	产业要素	220			
3.1	休闲活动		80		
3.1.1	休闲活动与当地优势资源禀赋条件结合，涵盖体育运动、文化、疗养、游戏等方面，娱乐活动充足，能够满足多层次休闲旅游需要，得10分；有招牌性的特色休闲活动，得10分；有夜游项目，得10分；有旅游节庆活动，得10分			40	
3.1.2	户外和室内休闲活动设施均达到5类以上，得10分；每多出1类，得2分，最高10分			20	
3.1.3	具备一定的公共休闲空间，休闲氛围浓厚			20	
3.2	住宿		60		
3.2.1	总床位数达到1000张，得20分；达到500张，得10分。不足500张的，每少10%，扣1分，最多扣10分			20	
3.2.2	三星级及以上标准的住宿接待设施达到总量的50%，得20分；达到30%，得10分			20	
3.2.3	非星级住宿接待设施，每有1种类型，得5分，最高20分			20	
3.3	餐饮		40		
3.3.1	总餐位数达到2000个，得20分；达到1000个，得10分。不足1000个的，每少10%，扣2分，最多扣10分			20	
3.3.2	具备高中低各种档次，能够提供全天候餐饮服务			10	
3.3.3	食品卫生符合 GB 16153—1996 要求，器具使用健康环保			10	
3.4	购物		40		

序号	审核内容和评分说明	大项分值	分项分值	次分项分值	评定得分
3.4.1	有专设的旅游购物场所，得20分；在普通商场内设有旅游商品专柜，得10分；只有一般的经营摊点，得5分			20	
3.4.2	旅游商品种类在10种以上，且本地特色旅游商品在5种以上，得10分			10	
3.4.3	对购物场所进行集中管理，环境整洁，秩序良好，无围追兜售、强卖强买现象。发现1处管理不当的情况，扣2分			10	
4	管理与服务	180			
4.1	综合管理		80		
4.1.1	管理机构健全，设有3名以上的专职管理人员，配置合理，责任明确			20	
4.1.2	旅游质量、旅游安全、旅游统计等各项经营管理制度健全有效			20	
4.1.3	对资源开发和环境保护设有相应的监测机制，能够有效预防破坏行为			20	
4.1.4	投诉制度健全，人员落实，设备专用，投诉处理及时、妥善			10	
4.1.5	具有科学的游客管理体系，能够实现有效的疏导与调控			10	
4.2	安全管理		60		
4.2.1	各项安全保卫制度完整有效，各经营场所治安状况良好，认真执行相关部门颁布的安全法规			20	
4.2.2	在危险地带设置的安全防护设施齐全有效，游乐园安全防护符合 GB/T 16767—1997 要求，得5分；室内外的消防、防盗、救护等设备齐备、完好、有效，得5分；安全警告标志、标识齐全、醒目、规范，得5分；设有游客专用的医务室，有专职医护人员，并配备一定的医护设备，得5分			20	
4.2.3	具有突发事件处理预案和灾害预警机制，应急处理能力强，能够提供全天候安全救助			20	
4.3	游客服务		40		
4.3.1	提供统一的导游（讲解）服务，服务符合 GB/T 15971—1995 要求			10	
4.3.2	公共信息资料品种齐全，内容丰富，适时更新，能满足游客需要，得5分；能提供图册、书籍、电话、网络等多种咨询途径，得5分			10	
4.3.3	服务规范，服务人员训练有素，服务质量较高			10	
4.3.4	为特殊人群（老年人、儿童、残疾人等）配备相应的设施、用品及服务。			10	
5	市场成熟度	120			
5.1	具有竞争力强且特色鲜明的市场品牌及形象		20		

序号	审核内容和评分说明	大项分值	分项分值	次分项分值	评定得分
5.2	上年度接待游客达到 100 万人次,得 20 分;达到 75 万人次,得 15 分;达到 50 万人次,得 10 分		20		
5.3	上年度接待过夜游客达到 20 万人天,得 20 分;达到 15 万人天,得 15 分;达到 10 万人天,得 10 分		20		
5.4	过夜游客平均停留天数达到 2.5 天,得 20 分;达到 2 天,得 10 分		20		
5.5	上年度旅游综合收入达到 5000 万元,得 20 分;达到 2500 万元,得 10 分		20		
5.6	游客满意度达到 90%,得 20 分;达到 85%,得 10 分		20		
6	社会统筹发展	100			
6.1	基地所在县(市)、区政府组织成立领导小组,且由分管领导任组长		20		
6.2	基地管理机构与当地政府和居民之间建立畅通、有效的沟通和协调机制,形成良好的发展环境		20		
6.3	基地内以旅游服务业、商业为主,辅之以农业、部分手工业作坊和食品加工业等,主要企业管理水平较高,经营效益良好		20		
6.4	基地内的公共服务设施共建共享,能够为当地提供适当的公共服务		20		
6.5	基地内的企业为当地居民提供相当数量的就业机会		20		
合计		1000			

附件二

宁波市商务会议基地评定标准(试行)

1. 范围

本标准规定了宁波市商务会议基地的评定依据和条件。

本标准适用于宁波市范围内各种类型的商务会议基地。

2. 规范性引用文件

下列文件中的条款通过本标准的引用而成为本标准的条款。凡是注日期的引用文件，其随后所有的修改单（不包括勘误的内容）或修订版均不适用于本标准，然而，鼓励根据本标准达成协议的各方研究是否可使用这些文件的最新版本。

GB 13495—1992 消防安全标志

GB 15630—1995 消防安全标志设置要求

GB 5768—1999 道路交通安全设施标志国家标准

GB 16153—1996 饭馆（餐厅）卫生标准

GB/T 14308—2003 旅游饭店星级的划分与评定

GB/T 10001.1—2006 标志用公共信息图形符号 第 1 部分：通用符号

GB/T 10001.2—2006 标志用公共信息图形符号 第 2 部分：旅游设施与服务符号

GB/T 21084—2007 绿色饭店国家标准

3. 术语和定义

下列术语和定义适用于本标准。

3.1 商务会议基地（Business Conference Base）

以会议中心和酒店群为依托，具备良好的商务环境和接待能力，设施完善，服务专业，市场成熟度高，为不同层次和不同类型商务会议提供场所和服务的功能性区块。

3.2　商务会议（Business Conference）

商务会议是指由机构或个人组织的，旨在进行经济、教育、科学、文化、体育等领域的传播交流，采取商业活动运作模式，向社会公开，具有一定规模、跨组织进行的会议。它通常在具备一定条件的会议中心或酒店举行。

3.3　会议设备（Conference Equipment）

会议设备可以分为放映设备、音效设备和特殊视听设备三类：放映设备包括幻灯机、液晶投影机、实物投影机、银幕、投影机架、视讯设备、计算机及其他附属设备等；音效设备包括麦克风、录音、室内音响、扩音器等；特殊视听系统包括多媒体、同声传译设备、视讯会议系统等。

3.4　会议规模（Conference Scale）

会议规模是划分会议类型的重要依据。根据参加会议的人数的多少，会议可分为小型会议、中型会议、大型会议及特大型会议。小型会议出席的人数不超过 100 人，中型会议出席人数在 101—300 人之间，大型会议出席人数在 301—1000 人之间，特大型会议人数在 1001 人以上。

4. 评定依据

评定商务会议基地以本标准的 5、6 为依据，主要考评商务会议基地的门槛条件以及商务环境、公共设施、会议及配套设施、管理与服务和市场成熟度五个方面。

5. 商务会议基地评定的必备条件

5.1　基地会议场馆总面积应达到 10000 平方米，并具有能同时容纳 1000 人以上的会议场所

5.2　应具有三家以上高档次的酒店，基地总客房数应达到 1500 间，各酒店至主会场（酒店）的车行距离应在 10 分钟之内

5.3　应具有承担大型会议的经验

5.4　应具有统一的管理或协调机构

6. 商务会议基地评定的一般条件

6.1　商务环境

6.1.1　商业气息浓厚，配有丰富的现代服务业业态和完善的会议产业配套功能。

6.1.2　人文环境与自然环境融合，绿化覆盖率高。

6.1.3　建筑配置合理，采用环保型材料，饭店设施、设备采用清洁能源，宜达到 GB/T 21084—2007 要求。

6.2　公共设施

6.2.1　交通。

6.2.1.1　外部通达性好，公共交通设施充足，各交通道路旁设有相应的标识标牌。

6.2.1.2　各会议中心或酒店之间道路网络完善，设有快速通道和明确的指引系统，交通组织秩序井然。

6.2.1.3　配备充足的停车场，会议接待高峰期划有临时停车区域以满足接待需求，停车管理规范科学。

6.2.2　安全保障。

6.2.2.1　治安状况良好。

6.2.2.2　消防设施、通道及交通安全设施建设符合国家要求。

6.2.3　卫生。

6.2.3.1　食品卫生、公共场所及卫生防疫设施符合国家要求。

6.2.3.2　与三甲医院建有密切联系，有重大突发公共卫生事件的预防和处置能力，对宾客突发疾病有应急处理能力。

6.2.4　其他公共设施。

6.2.4.1　提供充足供水、供电和供气。

6.2.4.2　邮政、银行、保险等设施满足基本需求。

6.2.4.3　保证会议期间的通讯和网络需求。

6.3　会议及配套设施

6.3.1　会议中心。

6.3.1.1　会议中心宜配备不同面积和类型的会议室。

6.3.1.2　会议中心布局完善，各会议室之间连通快捷。

6.3.2　会议设施。

6.3.2.1　80%以上的会议室配备放映设备和音效设备。

6.3.2.2　50%以上的会议室配备多媒体设备。

6.3.2.3　至少配备一套同声传译系统，同声传译系统的规模不宜少于80座。

6.3.2.4　至少配备一套视讯会议系统，视讯会议系统的规模不宜少于 60 座。

6.3.3 配套设施。

6.3.3.1 配备商务中心，提供种类齐全的信息咨询服务。

6.3.3.2 能够同时满足 3000 人以上的餐饮需求，菜系多样。

6.3.3.3 配备一定体量的购物场所，商品丰富。

6.3.3.4 配备多种类型的休闲娱乐设施。

6.3.3.5 宜为特殊人群（老年人、儿童、残障人等）配备相应的设施、用品及服务。

6.4 管理与服务

6.4.1 综合管理。

6.4.1.1 基地所在地方政府（主管部门）制订有专门的商务会议产业扶持政策。

6.4.1.2 基地管理或协调机构职责明确，配备专职管理人员和办公场所，并制订基地的中长期工作计划。

6.4.1.3 具有科学的管理体系，服务质量、安全管理、投诉管理等各项经营管理制度健全、有效，应具有突发事件处理预案和灾害预警机制。

6.4.2 会议服务。

6.4.2.1 基地应引进或培育专业性会议服务机构，机构与基地内会议服务各有关企业保持良好的工作协调机制。

6.4.2.2 会议服务机构应有独立的办公空间和相应的办公设施，配备专门人才。

6.4.2.3 会议服务机构应具备会议策划、会址选择、会场设置、会标制作、会议交通、组织接待、会议秘书、会议旅游等系列会议服务功能。

6.5 市场成熟度

6.5.1 宜具有竞争力强且特色鲜明的会议品牌及形象。

6.5.2 市场认可度高，基地近三年来年均举办商务会议不少于 100 场，其中大型会议不少于 10 场，中型会议不少于 30 场。

6.5.3 基地内饭店的会议宾客住宿天数占总床位天数的比例不低于 30%，会议综合收入宜不低于总收入的 30%。

附录 A 评分细则

说明：

本细则共计 800 分，共分为 5 个大项，各大项分值为：商务环境 100 分；公共设施 150 分；会议及配套设施 200 分；管理与服务 200 分；市场成熟度 150 分。

在满足评定必备条件的情况下，此评分表得分达到 640 分视为达标。

序号	审核内容和评分说明	分值	自查得分	实际得分
1	商务环境	100		
1.1	商业气息浓厚，配有丰富的现代服务业业态和完善的会议产业配套功能，每有一种现代服务业业态得 5 分，最高 50 分	50		
1.2	人文环境和自然环境融合，绿化覆盖率不低于30%，得30 分	30		
1.3	饭店设施、设备采用清洁能源，达到 GB/T 21084—2007 要求，得 10 分；通过绿色饭店认证，得 10 分	20		
2	公共设施	150		
2.1	交通	50		
2.1.1	公共交通站点布局完善，得 5 分；出租车呼叫方便快捷，得 5 分；交通道路旁设有相应的标识标牌，得 5 分	15		
2.1.2	道路网络完善，得 5 分；设有快速通道或专用通道，得 5 分；道路指引系统完善，得 5 分；提供专用交通工具，得 5 分	20		
2.1.3	停车场能满足需求，得 5 分；会议接待高峰期划有临时停车区以满足接待需求，得 5 分	15		
2.2	安全保障	40		
2.2.1	近三年内没有重大治安事故，得 20 分	20		
2.2.2	消防设施、通道及交通安全设施经有关部门验收通过，得 20 分	20		
2.3	卫生	30		
2.3.1	食品卫生、公共场所及卫生防疫设施经有关部门验收通过，得 10 分	10		

附件二 宁波市商务会议基地评定标准（试行）

序号	审核内容和评分说明	分值	自查得分	实际得分
2.3.2	与三甲医院建有密切联系，得10分；有重大突发公共卫生事件预防和处置能力，得10分	20		
2.4	其他公共设施	30		
2.4.1	供水、供电、供气满足需求，得10分	10		
2.4.2	邮政、银行、保险网点设置满足需求，得10分	10		
2.4.3	通讯、网络能满足各种类型会议需求，得10分	10		
3	会议及配套设施	200		
3.1	会议中心	50		
3.1.1	基地具有30间以上不同面积或类型的会议室，得30分；具有20间以上的，得20分；具有10间以上的，得10分	30		
3.1.2	基地各会议中心布局合理，得10分；同一会议中心内各会议室之间连通快捷，得10分	20		
3.2	会议设施	80		
3.2.1	配备放映设备和音效设备的会议室比重达80%，得20分；60%以上，得10分	20		
3.2.2	配备多媒体设备的会议室比重达50%，得20分；30%以上，得10分	20		
3.2.3	至少配备一套同声传译系统，得20分；与相关企业建立正式合作关系可随时租赁的，得10分	20		
3.2.4	至少配备一套视讯会议系统，得20分；与相关企业建立正式合作关系可随时租赁的，得10分	20		
3.3	配套设施	70		
3.3.1	配套商务中心的，得10分；商务中心能提供各类齐全的信息咨询服务，得10分	20		
3.3.2	能够同时满足3000人以上的餐饮需求，得20分；2000人以上，得10分	20		
3.3.3	配备一定体量的购物场所，得10分	10		
3.3.4	配备多种类型休闲娱乐设施，得10分	10		
3.3.5	配备特殊人群（老人、小孩及残障人等）设施、用品及服务，得10分	10		
4	管理与服务	200		
4.1	综合管理	100		
4.1.1	由地方政府出台专门会议产业扶持政策的，得30分；由行业主管部门出台专门产业扶持政策的，得20分；会议产业扶持政策依附在其他产业政策体系内没有单独发文的，得10分	30		
4.1.2	机构由地方政府领导担任主任的，得20分；由行业主管部门领导担任主任的，得10分；配备专职管理人员和办公场所，得20分；制订基地的中长期工作计划，得10分	50		

序号	审核内容和评分说明	分值	自查得分	实际得分
4.1.3	服务质量、安全管理、投诉管理等各项经营管理制度健全、有效，得10分；具有突发事件处理预案和灾害预警机制，得10分	20		
4.2	会议服务	100		
4.2.1	引进境外专业性会议服务机构落户，得40分；引进国内具有高知名度会议服务机构落户，得30分；引进其他类型的服务机构落户，得20分	40		
4.2.2	有独立的办公空间和相应的办公设施，得10分；配备专门人才，得10分	20		
4.2.3	具备会议招徕、会议策划、会议组织、会议旅游等主要功能，每有1项得10分，最高40分	40		
5	市场成熟度	150		
5.1	近年来举办过国际大型会议，且市场反响良好，得30分；举办过国内大型会议且市场反响良好，得20分	30		
5.2	近三年来年均举办商务会议达100场，得30分；达90场，得20分；达80场，得10分。年均大型会议达10场，得20分；达8场，得15分；达6场，得10分；6场以下不得分。年均中型会议达30场，得10分；达25场，得8分；达20场，得6分；20场以下不得分	60		
5.3	饭店的会议宾客住宿天数占总床位天数的比例达30%，得30分；达25%的，得20分；达20%的，得10分。会议综合收入达总收入的30%，得30分；达25%的，得20分；达20%的，得10分	60		
合计				

注：自查得分由申报单位填写，评定得分由专家组填写。

附件三

宁波市专项休闲旅游基地认定
标准及申报管理办法

（2011 年修订版）

第一章　总则

第一条　为贯彻落实宁波市委、市政府《关于进一步加快旅游产业发展的若干意见》文件精神，以休闲旅游基地建设为抓手，促进休闲旅游目的地建设，推进我市旅游产业转型升级，特制定本办法。

第二条　本办法所称专项休闲旅游基地，是指具备满足某种专项休闲旅游活动进行所必需的设施和服务，具有相当市场影响力的休闲旅游目的地，包括并不止于海洋游钓、徒步运动、自行车、自驾车、露营地、滑翔伞、特色街区、古村落等各种类型。

第三条　宁波市旅游经济发展领导小组将向符合规定标准的单位授予宁波市专项休闲旅游基地的标牌和证书。基地所在地政府（管理机构）要把专项休闲旅游基地的建设和发展，作为实施当地旅游经济转型升级的战略性工作，在政策、资金和产业发展规划等方面给予重点扶持，推动专项休闲旅游基地持续、快速、健康发展。

第四条　宁波市休闲旅游基地建设领导小组办公室（以下简称"市基地办"）是宁波市专项休闲旅游基地认定管理工作的主管部门；各县（市）、区旅游局负责本地区专项休闲旅游基地的初期审查、上报工作。基地所在政府（管理机构）负责专项休闲旅游基地的领导、协调和日常业务管理与服务工作。

第五条　专项休闲旅游基地的认定工作遵循"自愿申报、慎重认定、定期复核、动态管理"的原则，每年认定命名一批。

第二章 认定的基本条件和标准

第六条 专项休闲旅游基地必须具备的基本条件：

（一）具备适合开展某类专项休闲旅游活动的特殊资源，自然风光优美或历史底蕴深厚，生态环境良好，对外交通便捷。

（二）游客服务中心、停车场、公共厕所、标识标牌系统等基础设施完备，并可以提供适当的住宿及餐饮接待服务。

（三）配备专业的管理服务机构，具备信息咨询、游客接待、设施维护等基本功能，并具有自用或者可以快速调用的应急救助设备和人员。

（四）有偿经营较高风险的休闲旅游项目必须提供专项技能培训和安全警示教育，服务报价应包含意外伤害保险费用。

（五）基地所提供的专项休闲旅游活动必须具有相当的市场知名度和美誉度，并纳入当地旅游主管部门的市场营销计划。

第七条 不同类型的专项休闲旅游基地应同时符合以下认定标准：

（一）海洋游钓休闲旅游基地

1. 应保证开展游钓活动需要的可钓品种在 10 种以上。

2. 应保证有良好生态的水域环境和具备一定管理条件的陆岛环境，对专业游钓者的活动距离有一定限定。

3. 至少应具备近海船钓、深海船钓、矶钓、岸钓、滩钓、筏钓等游钓方式中的三种以上，对每种游钓方式都应划定区域并配备必要设施。

4. 凡游钓客上下的始发码头应具备休闲船只全天候靠泊条件，暂不具备专用码头条件的，应有兼用码头。

5. 游钓船须纳入海事、渔监等各自对应的管理序列进行统一管理，并配备必要的安全设施和人员。

6. 实施资源环境保护措施，划定禁钓区域，按照地方保护品种目录执行各种鱼类的可钓标准。

（二）徒步运动休闲旅游基地

1. 应具备专用的游步道，并途经自然山地、村庄，生态多样化程度高，人文环境与自然环境融合。

2. 游步道长度应大于 10 公里，主路宽度大于 60 厘米，两侧有不小于 30 厘米的缓冲带，建有必要的排水设施，每 500 米坡度小于 25 度的游步道比例不低于 90%，危险路段应有明显标识。游步道路面强调原有地形和素材，尽量减少人工干预。

3. 具备统一标准的标识标牌系统，颜色、形状和位置的设置醒目，标有明显的系统编码，并具有夜光功能。

4. 配备途中补给点，并能提供饮水、食物和简易药品，游步道中任何一点到最近的途中补给站距离不得超过 3 公里。

5. 当地政府（管理机构）负责提供每公里每年不少于 1000 元的维护经费，并委托专人落实维护工作。

6. 必要路段应设置一定的救援设施，发生山难、溺水、受伤等紧急事件时可提供现场简易急救。

（三）自行车运动休闲旅游基地

1. 应具备自行车专用道，能适应多种形态的自行车运动休闲需要，并尽量串联周边各类自然、人文景点，最大限度地展现最优景观。

2. 自行车专用道单向宽度不少于 1.5 米，双向宽度应达到 3 米，局部因地理环境所限可为 2 米，实现人车分道，具备清晰明确的路线标志，避免过多机动车辆进出干扰，宜形成环形线路。

3. 每隔 10—15 公里应设置 1 处驿站，并能提供自行车租赁、修理、换乘以及咨询、通讯和饮水、食物补给等服务，至少有 1 处中心驿站，并具有车辆调度、紧急救援、沐浴休息等多种功能。

4. 驿站应配备适合本地区休闲运动形态的不同类型的自行车，自行车配备数量应与旅游旺季时期的客流量相匹配，每个驿站应不少于 20 辆自行车。

5. 当地政府（管理机构）负责提供每公里每年不少于 2000 元的维护经费，并委托专人落实维护工作。

6. 必要路段应设置一定的救援设施，发生山难、溺水、受伤等紧急事件时可提供现场简易急救。

（四）自驾车休闲旅游基地

1. 毗邻适宜开展自驾车旅游活动的交通线路，并与周边的旅游景区（点）相互呼应。

2. 距基地 2 公里内的各个分道口设立交通指引标识，并标明实际路程和行驶方向。

3. 应具备大型停车场，提供包括家用轿车和房车在内的多种类型的停车泊位，停车场面积与周边环境和接待容量相适应，停车位的平均利用率不低于70%。

4. 应配套建有休闲营区，选址相对安全，地面平整干燥，可铺设草坪或设立地台，与外界交通干道之间有明显的区域分隔，与停车区的步行距离不宜超过5分钟。

5. 休闲营区应配备专用的安全取火、外接电源、夜晚照明路灯、洁净水供应和公共卫生设施等配套设施，并设置5项以上户外休闲活动设施。

6. 基地周边30公里范围内，能够提供车辆加油、维修、租赁、理赔等服务。

（五）露营地休闲旅游基地

1. 营区自然风景优美，环境良好，绿化覆盖率达到80%，人工建筑、娱乐设施与整体环境相互融合、协调一致，能同时容纳200顶帐篷或500人露营。

2. 包括房车露营、自驾车露营以及徒步露营等不同类别，营地的选型和配比适合客源市场需求，且留有一定的发展空间。

3. 营地入口或中央位置应设置管理服务中心，能够为露营者提供帐篷、睡袋、灯具、烤炉、餐具等一系列露营所需物品的租赁服务。

4. 配备露营生活必需的基本服务设施，包括供水、排污、供电、洗浴、厕所和垃圾处理，并能够为露营者提供信息咨询、卫生医疗、安全保卫及车辆补给或维修服务。

5. 营地管理机构应至少与1家户外运动俱乐部签订长期合作协议，并能定期组织相关露营活动。

6. 营区应提供3种以上户外休闲活动，配备专用设施，提供相应服务。

（六）滑翔伞休闲旅游基地

1. 基地选址合理，地理位置、山体形状、海拔高度及气候条件均适宜开展滑翔伞运动。

2. 起飞场地为平顶方山，宽敞平整，起飞方向有利于助飞和起跳的小坡（坡度介于30—60度之间），场地由草坪覆盖并无危及安全和影响起飞的障碍物，留有多名飞行员起飞准备或重新起飞的安全备份距离。

3. 山下降落场地平坦开阔，无紊乱气流及影响着陆安全的高压线、高大建筑物、烟囱、厂矿等障碍物，便于人员降落和伞具回收。

4. 从山上起飞场地至山下降落场地应有良好的道路交通条件和完备的通讯设施，能够保障飞行员和器材的运输及相互联系。

5. 基地应配备一定数量的运动装备和保护装备，包括滑翔伞伞具、GPS、对话机、头盔、飞行鞋、飞行服、墨镜和防护手套等。

6. 驻基地俱乐部应配备一定数量和资质的教练员，具有稳定的经费来源，制订完善的制度保障，并组织一定频次的滑翔活动。

（七）特色街区休闲旅游基地

1. 具有明确的区域边界和明显的街巷格局，主要街道的长度不短于 200 米，巷道个数不少于 3 个，特色街区的占地面积不小于 2 万平方米。

2. 具有鲜明的地域特色文化风貌，同周边街区之间具有明显差异，休闲功能定位明确，休闲服务特色鲜明，配有灯光夜景，适于开展夜间游览和休闲活动。

3. 具有游览、购物、餐饮、休闲、娱乐等若干功能，形式多样、风格独特，有开放式的文化、娱乐设施，能够开展多种形式的群众性文化娱乐活动。

4. 具有协调、整洁、美观的自然环境和人文环境，为游客提供咨询服务，并在街区主要出入口设置设施分布示意图。

5. 街区可进入性良好，内外交通管理有序，100 米内设有公共交通站点，主要出入口 200 米内设置专用停车场地，街区内部宜于步行，禁止机动车通行。

6. 街区各类商家店铺依法经营，明码标价，无欺诈行为，不卖伪劣假货，不强买强卖，营业时间相对固定并公示。

（八）古村落休闲旅游基地

1. 地处秀美的自然山水环境之中，具有恬静的带有原始风味的田园风光，村容村貌整洁优美。

2. 历史传承悠久深厚，基本风貌保持完好，现存历史传统建筑的总建筑面积不少于 5000 平方米。

3. 对具有历史文化价值的传统建筑、古树名木等遗迹采取一定的保护措施，并配有介绍铭牌。

4. 保有一定体量的民居与村民，民风淳朴自然，具有浓郁的地方传统民俗。

5. 具有较好的交通通达性，能够在古村外围提供一定的交通配套设施，但不破坏古村落的独立性和完整性。

6. 能够提供一定形式的游览和休闲活动，活动内容和形式与古村落的整体风格保持协调。

第三章 认定程序

第八条 申报专项休闲旅游基地，由基地管理服务机构填写《宁波市专项休闲旅游基地申报表》，经当地旅游局初步审定并签署意见后，报市基地办。

第九条 根据申报材料，市基地办组织评审专家组，对申报基地进行实地检查，并将评定意见上报宁波市休闲旅游基地建设领导小组审核。

第十条 对通过审核的专项休闲旅游基地，由市基地办经公示后上报市旅游经济发展领导小组批准，颁发标牌和证书。

第十一条 市基地办对专项休闲旅游基地实施动态管理，每两年进行1次复核，对不再具备宁波市休闲旅游基地资格的，将予以摘牌处理。

第十二条 对于有可能出现的其他专项休闲旅游基地类型，市基地办将适时对认定标准进行补充，补充内容视为本办法的有效组成部分。

第四章 附则

第十三条 本办法由市基地办负责解释。

第十四条 本办法自印发之日起试行。

参 考 文 献

庞学铨：《试论休闲对于城市发展的文化意义》，《浙江大学学报》（人文社会科学版）2010 年第 2 期。

魏小安、李莹：《城市休闲与休闲城市》，《旅游学刊》2007 年第 10 期。

魏小安：《发展休闲产业论纲》，《浙江大学学报》（人文社会科学版）2006 年第 5 期。

潘立勇、陆庆祥：《中国传统休闲审美哲学的现代解读》，《社会科学辑刊》2011 年第 4 期。

潘立勇：《走向休闲——中国当代美学不可或缺的现实指向》，《江苏社会科学》2008 年第 4 期。

潘立勇：《休闲与审美：自在生命的自由体验》，《浙江大学学报》（人文社会科学版）2005 年第 6 期。

于光远：《休闲》，《领导文萃》2007 年第 8 期。

于光远、马惠娣：《关于"闲暇"与"休闲"两个概念的对话录》，《自然辩证法研究》2006 年第 9 期。

于光远、马惠娣：《休闲与文化——关于休闲问题对话之二》，《洛阳师范学院学报》2009 年第 3 期。

于光远、马惠娣：《劳作与休闲——关于休闲问题对话之五》，《洛阳师范学院学报》2008 年第 3 期。

陈敏：《基于休闲学的休闲城市评价标准研究》，《社会科学家》2010 年第 3 期。

曹新向、苗长虹、陈玉英等：《休闲城市评价指标体系及其实证研究》，《地理研究》2010 年第 9 期。

郑胜华、刘嘉龙：《城市休闲发展评估指标体系研究》，《自然辩证法研究》2006年第3期。

　　袁国宏：《我国旅游购物发展探讨》，《北京第二外国语学院学报》2004年第1期。

　　石美玉：《关于旅游购物研究的理论思考》，《旅游学刊》2004年第1期。

　　曾怡园：《城市公共休闲空间的要素》，《成都纺织高等专科学校学报》2005年第1期。

　　吕和发：《论专题旅游休闲活动的策划》，《桂林旅游高等专科学校学报》2000年第1期。

　　刘海鸿：《我国休闲产业发展中的问题与对策》，《山西财经大学学报》2002年第3期。

　　王红宝、张启、苗泽华：《城市休闲旅游产品深度开发研究》，《改革与战略》2010年第2期。

　　陈才、王海利、贾鸿：《对旅游吸引物、旅游资源和旅游产品关系的思考》，《桂林旅游高等专科学校学报》2007年第1期。

　　刘璨：《湖南休闲旅游产品营销现状分析及其发展对策》，《岳阳纸业技术学院学报》2008年第5期。

　　李华敏：《基于顾客价值理论的旅游地选择意向形成机制研究》，《地理研究》2010年第7期。

　　卢松：《旅游交通研究进展及启示》，《热带地理》2009年第4期。

　　李喆：《论低碳旅游时代的景区建设》，《长沙大学学报》2011年第1期。

　　王曼娜：《谈休闲旅游产品及其体验营销策略》，《商业时代》2009年第23期。

　　张静：《我国休闲旅游产品开发现状及对策分析》，《生产力研究》2006年第11期。

　　冉斌：《我国休闲旅游发展趋势及制度创新思考》，《经济纵横》2004年第2期。

　　朱华、李峰：《乡村休闲旅游地游客满意度评价研究——以成都市三圣乡幸福梅林为例》，《桂林旅游高等专科学校学报》2007年第5期。

　　李峰：《乡村休闲旅游开发条件综合评价研究》，《乐山师范学院学报》2008年第5期。

李红玉：《休闲经济时代的旅游资源分类与评价》，《旅游学刊》2006 年第 1 期。

杨玲、田晓霞、李德山：《旅游购物研究述评》，《乐山师范学院学报》2010 年第 6 期。

唐为亮、许诗明、杨前进等：《重庆磁器口古镇旅游购物发展现状的实证研究》，《宁夏师范学院学报》（自然科学版）2010 年第 3 期。

张丽萍、李先跃：《加强政府主导，发展长沙购物旅游》，《绥化学院学报》2009 年第 4 期。

郭程轩：《城市生态休闲带的开发与规划——以广州市帽峰山为例》，《资源开发与市场》2006 年第 1 期。

郭家骏：《浙江旅游购物品特色化发展研究》，《企业导报》2010 年第 5 期。

李艳萍、怀丽华：《基于旅游者需求的旅游餐饮开发》，《天津商学院学报》2007 年第 2 期。

孙英杰、卢丽宁：《景区餐饮业的发展趋势研究——以北京 4A 景区为例》，《南宁职业技术学院学报》2008 年第 1 期。

张立明、赵黎明：《旅游目的地系统及空间演变模式研究——以长江三峡旅游目的地为例》，《西南交通大学学报》（社会科学版）2005 年第 1 期。

王瑛：《城乡统筹下的乡村旅游发展政府作为研究》，《改革与战略》2011 年第 2 期。

曹诗图、刘晗、阚如良：《对科学的旅游发展观的哲学思考》，《三峡大学学报》（人文社会科学版）2006 年第 6 期。

刘帅帅、黄安民、王茹等：《自驾车旅游营地选址影响因素分析》，《消费导刊》2010 年第 4 期。

陈佳强：《加快宁波长三角最佳休闲旅游目的地建设研究》，《宁波通讯》2009 年第 12 期。

陈德科：《消费者对旅游产品的信息搜寻行为研究》，《社会科学家》2005 年第 5 期。

张合：《浅析我国旅游景区安全管理》，《企业家天地》2006 年第 12 期。

王志华、王明林：《旅游景区安全研究》，《焦作大学学报》2007

年第 1 期。

徐军：《旅游环境保护是旅游业可持续发展的重要保证》，《江淮论坛》1998 年第 1 期。

黄震方：《发达地区旅游城市化现象与旅游资源环境保护问题探析——以长江三角洲都市连绵区为例》，《人文地理》2001 年第 5 期。

郝祯：《休闲产业标准化刍议》，《大众标准化》2010 年第 11 期。

陈传康：《森林公园与康体休闲旅游》，《旅游研究与实践》1995 年第 3 期。

陈向红：《四川休闲旅游发展研究》，《乐山师范学院学报》2005 年第 12 期。

陈雪钧：《对我国都市休闲旅游深度开发的思考》，《重庆交通大学学报》（社会科学版）2007 年第 5 期。

刁宗广：《中国乡村休闲旅游的兴起、发展和建设刍议》，《中国农村经济》2006 年第 11 期。

苟自钧、刘道兴：《假日经济与河南省休闲旅游发展战略》，《经济经纬》2000 年第 3 期。

郭满女、谢朝明：《"国民休闲计划"背景下梧州建设休闲旅游基地的对策探讨》，《企业经济》2010 年第 1 期。

何贵香：《基于 CNKI 文献检索的我国休闲旅游研究领域热点问题综述》，《生产力研究》2010 年第 8 期。

贺颖洁、钱莉莉：《旅游业态创新与业态结构优化研究》，《经济研究导刊》2010 年第 5 期。

胡英清：《中国休闲旅游发展研究新进展》，《广西民族大学学报》（哲学社会科学版）2008 年第 4 期。

蒋梅鑫、钟业喜、黄强：《中小城市旅游资源开发与休闲旅游发展研究——以江西吉安市为例》，《江西社会科学》2002 年第 11 期。

李秋月、由亚男：《国内城市休闲旅游研究综述》，《北方经贸》2010 年第 6 期。

刘群红：《发展我国休闲旅游产业问题的若干思考》，《求实》2000 年第 8 期。

马惠娣：《未来中国休闲旅游业发展前景瞭望》，《齐鲁学刊》2002 年第 2 期。

欧阳萍：《工业革命对休闲生活方式的影响》，《长沙大学学报》2010 年第 3 期。

潘彩霞、高晓春、张彦国：《唐山滦县特色文化产业发展与文化产业业态创新研究》，《唐山学院学报》2011 年第 1 期。

彭祎：《休闲旅游与旅游景点的关系探析》，《技术与市场》2009 年第 1 期。

冉斌：《休闲旅游发展趋势及制度创新思考》，《经济纵横》2004 年第 2 期。

孙凤芝：《休闲旅游之浅析》，《山东电力高等专科学校学报》2004 年第 2 期。

田哩：《重庆休闲旅游发展模式分析》，《农业考古》2010 年第 3 期。

王忠丽、李永文、郭影影：《论休闲产业发展与和谐社会建设》，《旅游学刊》2007 年第 2 期。

吴永江、向京：《中国传统休闲文化对现代休闲旅游的启示》，《资源开发与市场》2009 年第 12 期。

谢春山、贾玉云：《异地的休闲：旅游的起源探析》，《旅游论坛》2010 年第 3 期。

杨财根：《旅游休闲的成本分析》，《江苏经贸职业技术学院学报》2006 年第 1 期。

喻学才：《回归自然与休闲旅游》，《建筑论坛》1998 年第 4 期。

张雅静：《科学发展观视阈下的休闲旅游》，《哈尔滨工业大学学报》（社会科学版）2007 年第 5 期。

张宜、焦雅萍、王晋辉：《洛阳休闲旅游产业发展问题研究》，《商场现代化》2010 年第 9 期。

赵振斌：《双休日休闲旅游市场特征及产品开发》，《人文地理》1999 年第 4 期。

邹毅、刘力：《破解休闲旅游开发之道》，《北京房地产》2008 年第 5 期。

后　记

　　从 2009 年宁波市旅游发展大会召开以来，在宁波市委、市政府领导下，宁波市旅游局主导的休闲旅游基地工作一直被列为全市旅游发展的重点工作。在推进这项工作的过程中，省内外许多领导和专家、学者参与其中，提出了许多富有创见性的想法和做法，这些都对宁波市的休闲旅游发展起到了非常重要的推动作用。为了更广泛地吸收各方营养和兄弟城市经验，我们连续参加了两届长三角高校休闲论坛。在论坛上，我们与其他高校的专家、教授进行了较为深入的交流，许多专家对宁波市休闲旅游基地的做法和想法表现出极大兴趣，也提出了许多宝贵的意见、建议。在他们的鼓励下，我们萌生了写作本书的想法和热情，希望通过本书的传播，对其他地区的休闲旅游发展起到一定的借鉴作用。

　　全书结构分为理念、标准和实践三篇，其中的内容实际上是笔者在参与宁波市休闲旅游基地工作过程中，在理论指导下根据宁波市的实际情况所进行的研究和工作实践。其中，理念篇对休闲和休闲旅游等相关概念进行了系统梳理，分析、借鉴了国内外休闲旅游发展的历程和特色经验，揭示了宁波选择创建休闲旅游基地的必然性和可行性，为后续标准的出台和实践的开展提供了重要的理论支持，为读者了解休闲旅游基地的学理背景打下了基础。标准篇主要在借鉴国内外其他相关标准和文件的基础上介绍了我们制订的宁波市休闲旅游基地评定标准的整体框架结构和各条款的分析与制订依据，方便各兄弟地区借鉴使用。实践篇则在前两篇的基础上，以过程为纽带，介绍了休闲旅游基地推进过程中的工作方法和经验。在附件中，我们还附上了各标准的全文及工作过程中所使用的一些工具表格。这些都可以为兄弟城市的工作提供借鉴和参考。

　　本书由宁波市旅游局励永惠负责统筹，苏少敏负责审稿，浙江大学宁波理工学院李华敏、王元浩和宁波市旅游局鲁敏、苏少敏负责全书的写作。在写作过程中，我们力求建立一个比较规范的理论框架，主要的参考文献已列于书后或已在书中注明，但由于部分原始资料的遗失，若在标注中出现遗漏，我们深表歉意。

本书也是宁波市休闲旅游发展研究中心（浙江大学宁波理工学院休闲旅游发展研究中心）成立三年以来参与地方旅游经济发展的主要工作思考的结晶，在休闲旅游基地工作过程及本书写作过程中，浙江省旅游局、杭州市旅游委员会、浙江大学亚太休闲教育研究中心、宁波市旅游局相关处室及《阿拉旅游》杂志社的领导和专家为本书的顺利完稿贡献了智慧，在此一并致谢！

尽管我们对本书的内容进行了多次讨论和修改，但由于笔者的水平、学识有限，其中必然有许多牵强谬误之处，书中所提出的个人观点以及大量引用他人的观点，若有不当之处，期望本书面世之后，能得到专家、学者的批评指教，以便有所改正。

作　者

2012 年 1 月